금융의 미래를 설계하는 새로운 언어

토큰화
TOKENIZATION

금융의 미래를 설계하는 새로운 언어

토큰화

윤현근 | 김태림 | 티모시 신

TOKENIZATION

pazit

차례

PART 1

토큰화의 본질과 패러다임의 전환

PART 2

글로벌 토큰화의 현재와 미래

PART 3

한국 금융의 현재와 도전

PART 4

한국형 토큰화의 전략과 미래 설계

Why We Decided to Write the New Language of Finance

This book did not begin with mere technical curiosity or blind optimism about the market. Rather, it was born out of a profound sense of frustration and the void we encountered at the forefront of our respective fields: technology, law, and financial infrastructure.

An Eight-Year Struggle
: Facing a Significant Gap in the Field

Ken Yoon has spent the last eight years navigating the storm of regulatory uncertainty while operating blockchain projects. While the global market evolved at breakneck speed, building a business in Korea felt like sprinting through a thick fog. The technology was already transcending borders, but Korean institutions remained tethered to outdated frameworks, often stifling innovation. As the world moved to replace its financial engines with tokenization, we found ourselves stuck in exhaustive debates over whether it was even legal to turn the key. For an entrepreneur on the ground, this reality was agonizing.

Where Legal Perspective Meets Field Experience

Nathaniel Kim gained similar insights while practicing law at the intersection of digital assets and regulation. In Korea, regulation almost always precedes technology. Innovative attempts are invariably judged first by their conflict with existing legal systems. In this process, tokenization was often misunderstood as a tool for regulatory evasion or reduced to a mere short-term business gimmick. We were losing sight of the essence. Nathaniel's conviction—that "Tokenization is not a device to bypass regulation, but a structural innovation that finds its completion within it"— combined with Ken's field experience to become the foundation of our partnership.

Between Global "Eager Interest" and "Hesitation"

Timothy Shin met with countless global financial institutions, asset managers, and investors at the forefront of the international market. It is true that the world is watching Korea. Observing Korea's world-class digital infrastructure and its dynamic market participants, they praised the country as a "potential global hub for tokenization."

However, as conversations went deeper, they hit a wall. To foreign institutions, Korea's regulatory landscape looked like an unbreakable code. Even if they wanted to enter the market, the lack of predictability regarding what was permitted and how rules might change tomorrow made them hesitate. Through his work helping them navigate these challenges, Timothy realized a critical insight: What global capital demands from Korea is not extraordinary incentives, but a predictable system and a language compatible with global standards.

The Birth of INSIGHT3
: Moving from Observation to Execution

To resolve this frustration and actively accelerate the future of Korean finance, we founded INSIGHT3. Beyond being a mere research group, INSIGHT3 is an execution-oriented organization that integrates technology, law, and finance to turn the Korean tokenization ecosystem into a reality. Through this entity, we aim to serve as a bridge between global standards and Korean reality, ensuring that Korea moves not as a mere follower, but as a leading partner in the massive tide of tokenization.

The Future We Believe In
: Tokenizing Everything that Defines "Me"

We believe the endgame of tokenization is not limited to moving stocks or real estate onto a digital ledger. In the near future, all assets will be traded through tokenization. This includes not only traditional financial assets but also the core of our lives: Data.

Everything from insurance information and personal data to every piece of content we create will be recorded in the language of tokens. This will become the core infrastructure of the "Data Sovereignty Era," where individuals truly own and prove their rights.

A First Step Toward Being "Architects," and the Journey Ahead

We are currently standing in a critical window (2025 – 2028), where the global standards for finance and data are being rewritten. While this book focuses on the "language" and the "blueprint" of tokenization, we are already preparing for the next leg of our journey. We plan to dive deeper into the specific future of tokenization and real-world innovation cases happening across the globe, which we will share in our forthcoming work.

Until the day Korea moves beyond learning the language of tokenization to become the "Architect" that writes the rules of the future, INSIGHT3 and our records will not stop.

January 2026

Ken Yoon, Nathaniel Kim, and Timothy Shin

Co-founders, INSIGHT3

우리가 금융의 새로운 언어를 기록하기로 결심한 이유

이 책은 단순한 기술적 호기심이나 시장에 대한 막연한 낙관론에서 시작되지 않았습니다. 오히려 우리가 각자의 전문 영역인 기술, 법률, 금융 인프라의 최전선에서 마주했던 깊은 '답답함'과 현장에서 느꼈던 '거대한 공백'이 이 책을 쓰게 된 솔직한 동기입니다.

8년의 사투, 현장에서 마주한 거대한 격차

저자 윤현근Ken Yoon은 지난 8년간 블록체인 프로젝트를 직접 운영하며 규제의 불확실성이라는 파고를 온몸으로 견뎌왔습니다. 글로벌 시장은 하루가 다르게 변하는데, 한국에서 사업을 전개한다는 것은 마치 안개 속에서 전력 질주를 하는 것과 같았습니다. 기술은 이미 국경을 넘나들고 있었지만, 한국의 제도는 여전히 과거의 틀에 묶여 혁신의 발목을 잡곤 했습니다. **세계가 토큰화라는 새로운 엔진으로 금융 시스템을 교체할 때, 우리는 여전히 엔진을 켜도 되는지를 두고 소모적인 논쟁만 반복해야 했습니다.** 현장에 있는 기업가로서 이러한 현실은 고통에 가까운 시간이었습니다.

법률적 시각과 현장경험이 맞닿은 지점

저자 김태림Nathaniel Kim 역시 디지털 자산과 규제의 접점에서 법률 실무를 수행하며 비슷한 통찰을 얻었습니다. 한국은 거의 언제나 기술보다 규제가 먼저 작동하는 곳입니다. 혁신적인 시도는 기존 법체계와 충돌하는지 여부에 따라 그 실현 가능성에 대한 판단을 먼저 받게 됩니다. 이 과정에서 토큰화는 규제 회피를 위한 수단으로 오해받거나, 단기적인 비즈니스 이벤트로만 축소되곤 했습니다. 우리는 본질을 놓치고 있었습니다. **"토큰화는 규제를 피해 가는 장치가 아니라, 규제라는 틀 안에서 완성되는 구조적 혁신이어야 한다"**는 김태림의 확신은 윤현근의 현장 경험과 결합하여 우리 파트너십의 단단한 토대가 되었습니다.

글로벌 기관들의 '러브콜'과 '망설임' 사이에서

저자 티모시 신Timothy Shin은 글로벌 시장의 최전선에서 수많은 해외 금융기관, 자산운용사, 투자자들을 만나며 그들의 생생한 목소리를 들었습니다. 전 세계가 한국을 주목하고 있는 것은 분명한 사실입니다. 그들은 한국의 세계적인 디지털 인프라와 역동적인 시장 참여자들을 보며 한국을 "토큰화의 잠재적 글로벌 허브"라며 높이 평가했습니다.

하지만 대화가 깊어질수록 그들은 거대한 벽에 부딪혔습니다. 해외 기관들에게 한국의 규제 지형은 마치 풀기 어려운 '암호'와 같았기 때문입니다. 진입하고 싶어도 무엇이 허용되는지, 내일의 규칙이 어떻게 바뀔지 예측할 수 없다는 불확실성은 그들을 주저하게 만들었습니다. 이들의 고민 해결을 돕는 과정에서 저자는 중요한 통찰을 얻었습니다. 글로벌 자본이 한국에 요구하는 것은 파격적인 혜택이 아니라, '예측 가능한 시스템'과 '글로벌 표준과 소통 가능한 언어'라는 점입니다.

인사이트3^{INSIGHT3}의 탄생
: 관망을 넘어 실행으로

우리는 이러한 답답함을 해소하고 한국 금융의 미래를 직접 앞당기기 위해 '인사이트3^{INSIGHT3}'라는 법인을 설립하기에 이르렀습니다. 인사이트3는 단순한 연구 모임을 넘어, 기술·법률·금융이라는 세 가지 축을 통합하여 한국의 토큰화 생태계를 현실로 구현하는 실행 중심 조직입니다. 우리는 이 법인을 통해 글로벌 표준과 한국의 현실을 잇는 가교가 되고, 토큰화라는 거대한 시대적 흐름 속에서 한국이 단순한 추격자가 아닌 주도적인 동반자로 나아갈 수 있도록 길을 닦고자 합니다.

우리가 믿는 미래
: 금융을 넘어 '나'를 증명하는 모든 것의 토큰화

우리가 바라보는 토큰화의 끝은 단순히 주식이나 부동산을 디지털로 옮기는 것에 그치지 않습니다. 머지않은 미래에 모든 자산은 토큰화되어 거래될 것입니다. 여기에는 기존의 금융 자산뿐만 아니라, 우리가 살아가면서 발생하는 모든 '데이터'

가 포함됩니다. 보험 정보, 개인정보, 그리고 내가 창작한 모든 콘텐츠 등 개인을 중심으로 한 모든 가치가 토큰이라는 언어로 기록될 것입니다. 이는 개인이 자신의 권리를 온전히 소유하는 '데이터 주권 시대'의 핵심 인프라가 될 것입니다.

설계자가 되기 위한 첫걸음, 그리고 이어지는 여정

우리는 지금 전 세계 금융과 데이터의 표준이 새로 쓰이는 골든타임에 서 있습니다. 이번 책이 토큰화의 '언어'와 '설계도'를 다루었다면, 우리는 이미 그다음 여정을 준비하고 있습니다. 전 세계 곳곳에서 일어나는 실제 혁신 사례와 토큰화가 가져올 구체적인 미래를 더욱 깊게 파헤쳐, 곧 다음 저작을 통해 독자 여러분께 선보일 예정입니다.

한국이 토큰화라는 시대의 흐름을 선도하며 미래의 규칙을 직접 만드는 '설계자'의 자리에 앉는 그날까지, 인사이트3와 우리의 기록은 멈추지 않을 것입니다.

2026년 1월
저자 일동
윤현근 · 김태림 · 티모시 신

토큰화, 금융의 미래를 쓰는 새로운 '언어'의 탄생

금융의 판도가 바뀌는 지금, 진짜 싸움은 이미 시작되었다

우리는 지금 거대한 전환의 문턱에 서 있습니다. 오늘날 글로벌 금융 시장에서 벌어지는 치열한 경쟁의 본질은 단순히 '누가 더 빠른 컴퓨터를 도입하는가'의 문제가 아닙니다. 이 경쟁은 '누가 차세대 금융 시스템의 설계도를 그릴 것인가', 그리고 '우리가 만든 규칙을 어떻게 세계의 표준으로 밀어붙일 것인가'를 둘러싼 기대한 주도권 생달전입니다.

우리가 흔히 말하는 '토큰화Tokenization'는 단순히 내 자산을 디지털 숫자로 바꾸는 마법 같은 기술이 아닙니다. 그것은 우리가 가치와 권리를 증명하는 방식부터, 시장에서 돈이 오고 가는 정산의 구조, 그리고 그 과정에서 발생하는 책임과 질서에 이르기까지 금융의 모든 인프라를 완전히 새롭게 배열하는 대전환입니다. 결국 미래의 금융은 어느 날 갑자기 찾아오는 것이 아니라 우리가 정교하게 '설계'하는 것이며, 토큰화는 그 새로운 시스템을 움직이게 할 가장 강력하고 세련된 '언어'가 될 것입니다.

블랙록이 던진 질문
: 낡은 금융의 시대는 끝났는가

왜 지금 전 세계가 토큰화에 이토록 열광하고 있을까요? 그 답은 세계 최대의 자산운용사, 블랙록BlackRock의 행보에서 선명하게 드러납니다. 래리 핑크 회장이 "자산의 토큰화가 금융의 차세대 혁명"이라 선언하며 '비들BUIDL 펀드'를 세상에 내놓은 것은 단순히 하나의 금융 상품이 출시된 사건이 아닙니다. 이는 전통 금융의 거인이 지난 수십 년간 지탱해 온 기존 시스템의 한계를 인정하고, 이제는 새로운 운영체제OS로 이주해야 할 때임을 전 세계에 공포한 것과 다름없습니다.

생각해 보십시오. 스마트폰으로 전 세계 어디든 1초 만에 메시지를 보내는 시대에, 주식 거래의 정산에는 왜 며칠씩이나 걸려야 할까요? 국경을 넘나드는 거대한 자본의 흐름을 왜 구식 장부들은 따라가지 못하고 삐걱거리는 것일까요? 우리가 그동안 당연하게 여겨온 금융의 병목 현상은 이제 임계점에 도달했습니다. 토큰화는 이러한 금융 시스템의 정체를 해소하는 촉매제이며, 이제는 낡은 금융 엔진을 수리하는 단계를 넘어 새로운 디지털 아키텍처로 전환되어야 한다는 점을 우리에게 보여주고 있습니다.

앞서 나가는 국가들, 그들은 무엇을 준비하고 있는가

이미 세계의 금융 강국들은 토큰화를 국가의 생존이 걸린 전략 과제로 삼고 무섭게 움직이고 있습니다.

- **미국**은 민간 주도의 파괴적 혁신을 적극적으로 수용하고 있습니다. 이를 통해 달러의 영향력을 디지털 세상의 끝까지 확장하며, 자신들이 만든 규칙이 곧 세계의 표준이 되도록 실질적인 힘을 발휘하고 있습니다.
- **유럽연합**EU은 세계 최초의 가상자산 법안인 MiCA를 선제적으로 도입했습니다. 규제의 울타리를 먼저 튼튼하게

세움으로써 시장의 불확실성을 제거하고, 전 세계 자본이 안전하게 모여들 수 있는 운동장을 선점하겠다는 계산입니다.

• **싱가포르**와 **홍콩**은 정부와 민간 기관이 손을 맞잡고 전 세계의 디지털 자본을 빨아들이는 블랙홀이 되고 있습니다.

이들의 행보는 단순한 기술 자랑이 아닙니다. 자신들이 설계한 금융 질서 위로 전 세계의 돈이 흐르게 만듦으로써, 미래 금융 생태계의 '조물주'가 되려는 치밀한 전략적 선택입니다.

한국 금융, 관망하는 사용자로 남을 것인가

대한민국은 세계 최고 수준의 IT 인프라와 촘촘한 금융 시스템을 모두 갖춘 나라입니다. 하지만 토큰화라는 거대한 담론 앞에서는 여전히 '이것을 해도 되는가'라는 불확실성 속에 멈춰 서 있는 듯 보입니다.

이제 우리는 '허용할 것인가'라는 소극적인 질문에서 과감히 벗어나야 합니다. 대신 '우리는 어떤 금융의 미래를 설계할 것인가'를 치열하게 고민해야 할 때입니다. **토큰화라는 언어를 통해 한국 금융의 새로운 질서를 어떻게 써 내려갈지 결정해야 합니다.** 이 결단이 늦어질수록, 우리는 남이 만든 시스템 위에서 비싼 이용료만 지불하는 단순 사용자로 남게 될 것입니다.

기술을 넘어 '제대로 작동하는 금융'을 향해

우리는 토큰화를 맹목적으로 찬양하지 않습니다. 오히려 정교한 제도와 튼튼한 인프라가 뒷받침되지 않는 토큰화는 기존 금융보다 훨씬 더 큰 위험과 혼란을 초래할 수 있다고 경고합니다. 이 책은 화려한 기술적 수사修辭로 독자를 현혹하기보다, '실제 시장에서 작동하는 제도'와 '현실적인 실행력'에 초점을 맞추어 토큰화의 본질을 파헤칩니다.

변화의 문턱에서
: 첫 번째 기록을 시작하며

이 책에서는 네 단계의 전략적 흐름을 통해 한국형 토큰화 로드맵을 제안하고자 합니다. 그 첫걸음인 Part 1에서는 토큰화가 전통 금융의 견고한 벽을 어떻게 허물고 있는지, 그 균열의 시작점을 추적합니다.

변화는 이미 시작되었습니다. 우리는 이 거대한 질서의 이동을 주도하는 '설계자'가 될 것인가, 아니면 그저 묵묵히 지켜보는 구경꾼으로 남을 것인가. 이 질문에 대한 우리의 진지한 응답이 바로 이 책의 시작입니다.

토큰화의
본질과
패러다임의
전환

Chapter
01
왜 지금,
토큰화인가
장부의 시대에서 흐름의 시대로

금융 인프라가 마주한 구조적 한계와 변화의 필연성

금융은 인류가 설계한 산업 중 변화에 가장 완고하고 보수적인 영역이다. 이는 금융의 태생적 특성에서 기인한다. 수조 달러의 자본이 초 단위로 교차하는 시장에서 단 한 번의 정산 오류나 시스템 공백은 곧바로 국가 경제 전반으로 전이되는 치명적인 리스크를 내포하기 때문이다. 그간의 금융 혁신은 근본적인 인프라를 혁신하기보다, 낡은 장부 시스템 위에 디지털이라는 인터페이스를 한 겹씩 덧씌워 효율을 높이는 방식에 머물러 왔다. 우리가 스마트폰으로 손쉽게 송금하고 주식을 매수하지만, 그 이면에는 여전히 수십 년 전 설계된 메인프레임과 복잡한 중개 기관들의 여러 번의 검증 절차가 작동되고 있다.

하지만 현대 자본시장은 이제 이러한 방식으로는 더 이상 감당할 수 없는 기술적 부채의 임계점에 도달했다. 전 세계 자본이 국경을 넘나드는 속도에 비해, 거래 체결 후 실제 권리가 확정되기까지 꼬박 이틀이 소요되는 'T+2' 정산 구조는 아날로그 시대의 유물이나 다름없다. 거래는 순식간에 이루어지지만, 실제 돈과 소유권이 확정되는 과정에서 발생하는 시간적 공백은 막대한 자본비용과 결제 불이행 리스크를 야기한다. 특히 금리가 인상되고 자본 효율성이 기업의 생존을 결정하는 시대에, 정산 과정에서 며칠씩 묶여 있는 자금은 그 자체로 거대한 기회비용이자 낭비다. 금융 시스템은 이제 선택의 기로에 섰다. 낡은 장부 시스템에 끊임없이 유지보수 비용을 투입하며 버틸 것인가, 아니면 자산의 정의부터 거래 방식까지 금융의 모든 인프라를 새롭게 배열할 것인가. 토큰화는 이 질문에 대한 시장의 실천적 해답이자, 금융이 생존을 위해 스스로를 재구성하는 전면적인 자기 혁신의 과정이다.

장부의 시대에서 흐름의 시대로

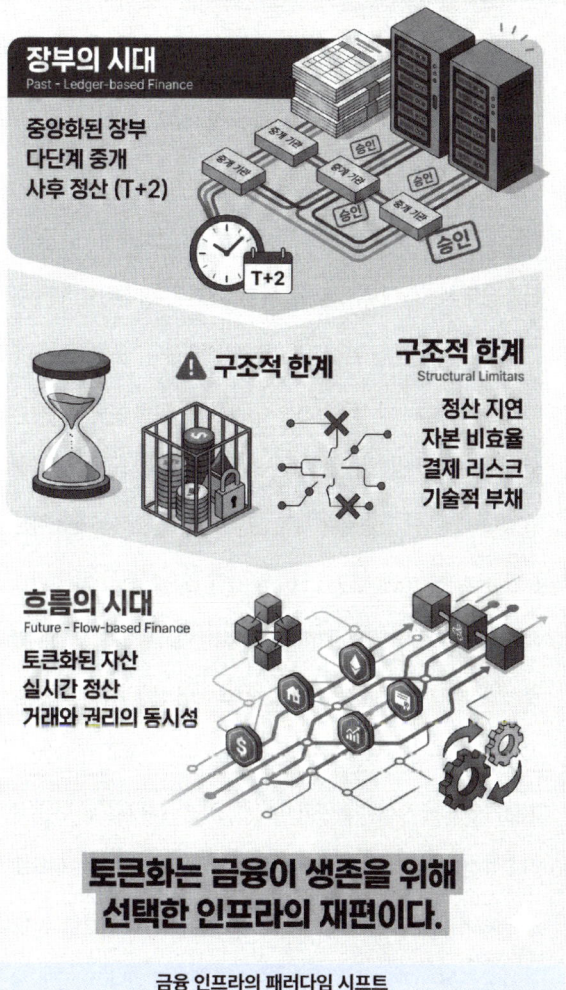

장부의 시대
Past - Ledger-based Finance

중앙화된 장부
다단계 중개
사후 정산 (T+2)

T+2

⚠ 구조적 한계

구조적 한계
Structural Limitars

정산 지연
자본 비효율
결제 리스크
기술적 부채

흐름의 시대
Future - Flow-based Finance

토큰화된 자산
실시간 정산
거래와 권리의 동시성

토큰화는 금융이 생존을 위해 선택한 인프라의 재편이다.

금융 인프라의 패러다임 시프트

토큰화Tokenization란 무엇인가?
: 자산의 전 생애주기를 단일한 '디지털 상태State'로
  통합하는 인프라 혁신

전통 금융 시스템에서 자산의 소유권, 거래 기록, 정산 정보는 수많은 중개 기관의 장부에 파편화되어 존재한다. 은행, 증권사, 예탁결제원, 그리고 신탁기관은 각자 자신들만의 장부를 가지고 있으며, 거래가 일어날 때마다 이 장부들을 서로 대조하는 '사후 조정Reconciliation' 과정을 거쳐야 한다. 반면 이 책에서 정의하는 토큰화Tokenization는 자산의 권리와 계약 관계를 분산 원장 기반의 디지털 단위Token로 전환하여, 발행부터 정산, 담보 설정에 이르는 생애주기 전체를 하나의 일관된 데이터 상태로 관리하는 방식을 의미한다.

핵심은 새로운 자산의 발명이 아니라, 기존 금융 자산을 더 정교하고 투명하게 표현하는 '방식의 전환'에 있다. 이를 기술적으로 표현하자면 '장부의 분리'에서 '상태의 공유'로의 이동이다. 따라서 토큰화는 가상자산 시장의 단순한 확장이 아니라, 국채·채

권·펀드·예금 등 전통 금융 인프라를 재설계하는 아키텍처의 혁명으로 이해되어야 한다. 토큰화는 자산을 단순히 디지털화하는 것을 넘어, 금융 자산이 스스로 규칙을 내장하고 작동하는 결정적 디지털 상태State로 관리되는 고도화된 체계를 뜻한다. 자산이 스스로 자신의 소유권을 증명하고, 조건이 맞으면 자동으로 대금을 결제하는 '지능형 가치 조각'으로 변모하는 것이다.

가상자산의 기술적 토대 위에서 재편되는 제도권 금융의 미래

여전히 많은 이들은 토큰화를 가상자산 산업의 지엽적인 움직임이나 기술적 실험으로만 이해하려 한다. 그러나 현재 진행 중인 토큰화의 주역은 소위 '기술 기반 스타트업'이 아니라, 글로벌 금융의 심장부를 지탱하는 전통의 거인들이다. JP모건은 이미 'Kinexys(구 Onyx)' 네트워그를 통헤 매일 수십억 달러의 기업 간 자금을 분산 원장 위에서 실시간으로 정산하고 있다. 이들은 단순히 비용 절감을 넘어, 기존의 폐쇄적인 정산망이 주지 못했던 24시간 실시간 유동성 관리라는 새로운 가치를 창출하고 있다. BNY멜론과 스테이트 스트리트State Street 같은 세계적인 수탁 은행들 역시 자산의 보관 방식을 디지털 단위로 전환하는 로드맵을 가속화하고 있다. 이들이 주목하는 것은 자산의 가격 변동성이 아니라, 자산의 권리와 복잡한 법적 계약 관계를 토큰 단위로 전환했을 때 얻게 되는 압도적인 효율성과 투명성이다.

특히 주목해야 할 현상은 전통 금융과 가상자산 거래 인프라 간의 경계가 무너지고 있다는 점이다. 코인베이스가 일반 주식 거래와 유사한 '이벤트 컨트랙트' 영역으로 진출하고, 블랙록이 이더리움 네트워크 위에서 펀드를 운용하는 '비들BUIDL' 프로젝트를 선보인 것은 상징적이다. 블랙록의 행보는 기관 투자자들이 이제 퍼블릭 블록체인의 보안성과 상호운용성을 제도권 금융 상품의 기반 시설로 신뢰하기 시작했음을 보여준다. 이는 금융 상품 간의 칸막이가 허물어지고 있음을 보여주는 결정적 신호다. 토큰화된 자산은 발행부터 정산, 담보 설정에 이르는 생애주기 전체가 하나의 데이터 위에서 관리된다. 즉, 자산을 단순히 디지털 파일로 만드는 것이 아니라, 금융 인프라 자체를 자산 스스로가 계약 조건을 실행하는 '지능형 운영체제'로 교체하는 것이다. 이러한 소프트웨어 중심의 금융은 과거 하드웨어 중심의 금융과는 비교할 수 없는 확장성을 제공한다.

한국 금융이 마주한 고립의 리스크와
새로운 설계의 기회

이러한 지각변동은 한국 시장에도 엄중한 질문을 던지고 있다. 한국은 세계 최고 수준의 IT 인프라와 견고한 금융 규제 체계를 동시에 보유하고 있지만, 역설적으로 이러한 강점들이 토큰화라는 새로운 흐름 앞에서는 변화를 주저하게 만드는 제약이 되기도 한다. 이미 잘 작동하고 있는 기존의 중앙집중형 시스템이 '너무 효율적'이라는 이유로, 더 큰 거시적 전환을 외면하고 있는 것은 아닌지 자문해야 한다. 글로벌 금융 질서가 이미 온체인On-chain 환경으로 빠르게 이동하는 상황에서, 명확한 국가적 전략 없이 관망을 지속하는 것은 그 자체로 거대한 기회비용을 발생시킨다. 한국이 여전히 분절된 장부와 사후 조정 Reconciliation의 문법에 머물러 있다면, 우리 자본시장은 글로벌 유동성 흐름에서 소외된 '고립된 섬'으로 남게 될 위험이 크다.

이제 우리는 가상자산 기술을 단순히 '허용할 것인가'라는 소극적인 논의에서 벗어나, '어떤 금융 질서를 설계할 것인가'라는 거시적인 관점으로 전환해야 한다. 자산의 소유권과 거래 기록이 실시간으로 동기화되는 환경에서는 "누가 무엇을 중개하는가"보다 "누가 자산의 상태를 신뢰성 있게 관리하는 플랫폼을 선점하는가"가 국가 경쟁력의 핵심이 된다. 기술은 중립적일 수 있으나, 그 위에 세워질 제도와 질서는 결코 중립적이지 않다. 글로벌 표준은 이미 이더리움이나 스테이블코인 같은 새로운 레일 위에서 쓰여지고 있다. 우리가 새로운 금융 언어인 토큰화의 문법을 스스로 정의하고 이들과 연결되지 못한다면, 결국 남이 만든 시스템 위에서 막대한 이용료만 지불하는 단순 사용자로 전락하거나, 우리만의 리그에 갇힌 갈라파고스 금융으로 퇴보하게 될 것이다.

 저자의 인사이트

'사후 검증'에서 '실시간 확정'으로의 대전환

과거의 금융이 수많은 기관이 각자의 장부를 대조하고 검증하는 '사후 조정Reconciliation의 언어'를 사용했다면, 토큰화는 거래와 정산이 동시에 완결되는 '실시간 확정의 언어'를 지향한다. 이는 단순히 금융 서비스가 빨라지는 기능적 개선을 넘어, 금융 시스템의 리스크 구조 자체를 근본적으로 바꾸는 일이다. 기존 시스템에서는 거래 상대방이 돈을 주지 않을 위험$^{Counterparty\ Risk}$ 때문에 중간에 담보를 잡고 보증을 서는 기관이 필요했다. 하지만 담보가 실시간으로 이전되고 소유권이 즉각 증명되는 환경에서는 금융 사고의 가능성이 원천적으로 차단되며, 묶여 있던 자본의 유동성이 극대화된다.

결국 미래 금융의 주도권은 자본력의 크기가 아니라, 이 새로운 '신뢰 인프라'를 얼마나 정교하고 안전하게 설계하느냐에 달려 있다. 신뢰를 인간의 검증이 아닌 수학적 알고리즘과 투명한 기록에 위임하는 것, 그것이 토큰화가 우리에게 보여주는 진정한 미래. 한국형 토큰화 전략의 수립은 단순히 신기술을 도입하는 차원을 넘어, 향후 100년의 한국 금융 영토를 지키기 위한 가장 강력한 설계도를 그리는 작업이 되어야 한다. 우리는 지금 장부의 시대를 끝내고, 스스로 흐르는 자본의 시대를 열어가는 역사의 변곡점에 서 있다.

토큰화는 왜
국가 전략이 되는가
금융 기술이 아니라 질서의 문제

효율의 도구를 넘어
통치의 수단으로 확장되는 토큰화

Chapter 1에서 살펴본 바와 같이, 토큰화는 기존 금융 시스템을 우회하는 단순한 기술적 실험이 아니다. 그것은 은행 예금, 증권, 펀드, 채권 등 전통 금융의 핵심 자산과 그 속에 얽힌 복잡한 계약 관계를 단일한 디지털 원장 위로 옮겨와, 자산의 소유권과 거래 상태가 실시간으로 일치하도록 재구축하는 과정이다. 이러한 관점에서 볼 때, 토큰화의 본질은 개별 기업의 수익성 개선을 위한 기술 채택의 문제를 넘어선다. 그것은 '국가의 금융 인프라가 작동하는 근본 원리를 어떤 질서 위에 설계할 것인가'라는 고도의 통치적 영역이자 전략적 선택의 영역으로 진입한다.

전통적인 금융 정책의 세 가지 기둥은 통화 정책, 금융 안정, 그리고 자본시장 규율이다. 그간 기술은 이러한 정책 목표를 달성하기 위해 정보를 빠르게 전달하거나 보관하는 수단적 지위에 머물러 왔다. 그러나 토큰화는 이 위계 구조를 근본적으로 해체하고 있다. 토큰화된 자산은 단순한 데이터가 아니라, 자산 그 자체에 결제, 정산, 담보 관리 등의 규칙을 내장한 '지능형 자산'이기 때문이다.

이는 중앙은행의 통화 정책이 시장에 전달되는 경로를 바꾸고, 사후 보고 중심의 금융 감독을 실시간 감시 체계로 전환시키며, 국가 간 자본 유치 경쟁의 판도를 재편한다. 이제 토큰화는 금융 정책의 주변부 이슈가 아니라, 국가가 직접 설계하고 통제해야 할 금융의 핵심 아키텍처Architecture로 인식되어야 한다. 즉, 토큰화는 국가의 '금융 운영체제OS'를 아날로그에서 디지털 네이티브로 교체하는 작업이다.

제도권 금융의 재구성으로서의 토큰화

: 질서의 재정립

이 책에서 일관되게 다루는 토큰화는 가상자산의 무분별한 발행이나 기존 질서를 부정하는 탈중앙화 금융DeFi의 무대를 확장하는 것이 아니다. 진정한 의미의 토큰화는 기존 금융 자산과 법적 계약을 신뢰할 수 있는 분산원장DLT 위에서 통합 관리함으로써, 제도권 금융 인프라를 현대화하는 '질서의 재정립'을 뜻한다.

이는 자산에 '자율주행 기능'과 '절대 변하지 않는 신분증'을 부여하여, 금융 거래가 사람의 사후 확인 없이도 기술적으로 확정되는 시대로의 진입을 의미한다. 우리가 자율주행 차를 도입할 때 단순히 차의 성능만 보지 않고 도로 법규와 신호 체계를 새로 짜야 하듯, 자율주행하는 자산Token을 수용하기 위해서는 국가 차원의 법적·제도적 '도로'를 새로 닦아야 한다. 이것이 토큰화가 기술이 아닌 질서의 문제인 이유다.

국가 주권과 직결된 글로벌 금융의 새로운 격전지

토큰화가 국가 전략으로 격상되는 가장 큰 이유는 그 파급력이 국가 주권의 핵심 영역에 닿아 있기 때문이다. 현재 전 세계는 크게 세 가지 전장에서 치열한 주도권 다툼을 벌이고 있다.

첫째는 통화 및 결제 주권의 수호다. 토큰화된 예금과 스테이블코인은 기존의 은행 지급결제 인프라와 직접 경쟁하며, 이는 중앙은행의 통화 통제력 및 화폐 발행 권한과 직결된다. 디지털 화폐의 주도권을 놓치는 것은 국가 결제망의 통제권을 민간 플랫폼이나 타국에 내어주는 것과 다름없다.

둘째는 감독 체계의 패러다임 전환이다. 전통적인 감독이 사고 발생 후 장부를 들여다보는 '사후 약방문' 방식이었다면, 토큰화 환경은 거래와 동시에 규칙 준수 여부를 확인하는 '상시·실시간 감독' 구조를 가능케 한다. 이는 감독의 효율성을 극대화하는 동시에, '규제가 코드로 구현되는Compliance as Code' 새로운 차원의 규율 설계를 요구한다.

셋째는 글로벌 자본 유치 경쟁이다. 자본은 본능적으로 더 빠르고 투명하며 운영 비용이 낮은 시장을 찾아 흐른다. 싱가포르의 '프로젝트 가디언'이나 홍콩의 가상자산 라이선스 체계 구축처럼 토큰화 인프라를 선제적으로 구축하는 국가는 전 세계 유동성을 빨아들이는 디지털 금융 허브로 도약할 기회를 얻게 될 것이다. 반면, 준비되지 않은 국가는 자국 자본의 유출을 지켜봐야만 하는 처지에 놓일 것이다.

한국형 전략의 부재가 초래할 리스크와 설계자의 사명

대한민국은 세계 최정상급의 IT 인프라와 촘촘한 금융 시스템을 보유하고 있다. 하지만 역설적으로 이러한 강점들이 토큰화라는 거대한 변화 앞에서는 불확실성을 가중시키는 요인이 되기도 한다. 기존 시스템이 너무나 견고하기에, 새로운 시스템으로의 전환이 가져올 파괴적 혁신을 오히려 위협으로 느끼는 '성공의 함정'에 빠져 있는 것이다.

현재 한국 금융은 일부 영역에서의 과잉 규제와 또 다른 영역에서의 제도적 결여라는 비대칭적 상황에 놓여 있으며, 이로 인해 국가적 전략의 공백이 발생하고 있다. 이제 우리에게 필요한 것은 단순히 특정 국가의 모델을 무비판적으로 추종하는 것이 아니라, 한국의 강력한 중앙 집중형 인프라와 보안 기술을 극대화할 '한국형 하이브리드 전략'을 설계하는 일이다. 글로벌 금융 질서가 이미 디지털 원장 위로 빠르게 이동하는 상황에서, 선택을 지연하는 행위 자체가 미래 금융 시장에서의 고립을 선택하는 것과 다름없기 때문이다.

결국 기술은 중립적일 수 있으나, 그 위에 세워질 제도는 결코 중립적이지 않다. 남이 만든 시스템 위에서 이용료만 내는 단순 사용자로 남을 것인가, 아니면 새로운 금융 질서의 문법을 쓰는 설계자가 될 것인가. 이 질문에 대한 응답이 대한민국 금융의 향후 100년을 결정지을 것이다. 우리는 토큰화를 단순히 편리한 기술로 볼 것이 아니라, 자산의 소유권과 계약 이행이 기술적으로 완결되는 '결정적 상태'로 관리되는 고도화된 체계로 인식하고, 이에 맞는 새로운 국가 금융 운영체제를 준비해야 한다.

도입의 단계를 넘어, '설계의 시대'로

토큰화는 이제 가능성을 타진하는 단계를 넘어섰다. 글로벌 자본과 감독당국은 이미 새로운 게임의 규칙을 쓰기 시작했으며, 자산의 발행부터 유통, 정산에 이르는 전 과정이 디지털 원장 위에서 하나로 통합되는 시대는 거스를 수 없는 흐름이 되었다. 핵심은 '도입 여부'가 아니라, '어떤 규칙Rule으로 이 거대한 질서를 통제하고 주도할 것인가'에 있다.

기술적 수사를 넘어 실제 시장에서 작동하는 제도를 구축하는 것, 그리고 한국의 고유한 역동성을 훼손하지 않으면서도 글로벌 표준과 호환되는 인프라를 만드는 것이 우리의 과제다. 이는 단순히 금융업의 발전을 넘어 대한민국 자본시장의 국격을 결정짓는 일이다.

이어지는 Part 2에서는 전 세계 주요 국가들이 각자의 생존을 위해 어떤 법률적·제도적 장치를 구축하고 있는지, 그 치열한 전략의 현장을 구체적인 사례와 함께 분석하며 한국이 나아가야 할 구체적인 경로를 탐색해 보고자 한다.

글로벌
토큰화의
현재와
미래

Chapter 03

2026년 토큰화 시장
헤드라인 너머의 현실과 데이터의 진실

전망의 격차: 미래 금융을 바라보는 시각의 충돌

2024년 6월, 글로벌 컨설팅 그룹 맥킨지McKinsey는 가상자산과 스테이블코인을 제외한 순수 토큰화 자신 시장이 2030년까지 약 2조 달러 규모에 이를 것이라는 전망을 내놓았다. 그러나 불과 10개월 뒤인 2025년 4월, BCG와 리플Ripple은 공동 보고서를 통해 2033년까지 그 규모가 무려 18조 9,000억 달러에 달할 것이라는 파격적인 예측을 발표했다. 세계적인 분석 역량

Industry outlook: Base case estimate of potential value of tokenized assets by 2030 is nearly $2 trillion.

An analysis of tokenization waves by asset capitalization potential and adoption drivers

Wave	2030 tokenized asset market capitalization base case, $ trillion			Examples of use cases driving adoption
1	Cash and deposits[1]	Excluded from total	~1.1	24/7 business-to-business payments
	Mutual funds and ETFs[2]		~0.4	Money market fund distribution
	Loans and securitization[3]		~0.3	Streamlined warehouse lending
	Bonds and exchange-traded notes[4]		~0.3	Intraday repo/collateral mobility
2	Alternative funds[5]		~0.2	Distribution and investor onboarding
	Alternative assets[6]		~0.1	Liquid secondary market
	Unlisted equities[7]		~0.1	Liquid private markets for secondary sales
	Precious metals[8]		~0.1	Collateral in decentralized finance
3	Publicly listed equities[9]		<0.1	Clearing and settlement efficiencies
	Intangible assets[10]		<0.1	Real-time distribution of royalties
	Derivatives[11]		<0.1	Clearing and settlement efficiencies
	Total value tokenized in 2030		~1.9	

Tokenized cash and deposits are excluded from total to avoid double counting, since these are involved in the settlements of trades involving tokenized assets. [1]ETFs, mutual funds and money market funds. [2]Wholesale loans, mortgage and home equity, structured credit. [3]Government bonds, municipal bonds, corporate bonds, commercial paper, etc. [4]Private equity/venture capital funds. [5]Real estate (including real estate investment trusts), carbon, art and collectibles, and commodities (excluding precious metals). [6]Single unlisted private equity and mezzanine financing. [7]Gold, silver, platinum, palladium. [8]Listed corporate equities. [9]Intellectual property (brands, trademarks). [10]Options, futures, swaps, warrants, investment certificates, excluding over-the-counter derivatives.
Source: Bank for International Settlements; Deal Logic; Federal Reserve Bank of St Louis; Prequin; Savills; Statista; The Block; WFE; expert interviews

McKinsey & Company

출처: **McKinsey** & **Company**, *From Ripples to Waves: The Transformational Power of Tokenizing Assets*, June 2024.

2030년 토큰화 자산 시장 전망, 약 2조달러

을 갖춘 두 기관이 이토록 극명한, 거의 10배에 가까운 차이를 보이는 이유는 무엇인가?

이러한 수치의 격차는 단순한 통계적 오류나 낙관론의 결과가 아니다. 이는 토큰화의 정의를 어디까지 설정할 것인지, 그리고 금융 운영체제OS의 전환 속도에 대해 어떤 방법론적 가정을 채택할 것인지에 대한 근본적인 시각 차이에서 기인한다.

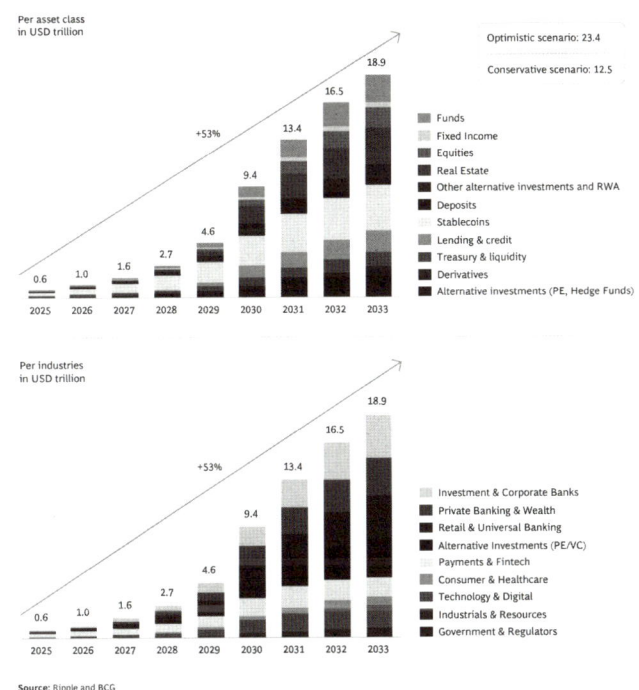

Estimated Growth in Tokenization Through 2033

Per asset class in USD trillion

Optimistic scenario: 23.4
Conservative scenario: 12.5

+53%

0.6 1.0 1.6 2.7 4.6 9.4 13.4 16.5 18.9
2025 2026 2027 2028 2029 2030 2031 2032 2033

- Funds
- Fixed Income
- Equities
- Real Estate
- Other alternative investments and RWA
- Deposits
- Stablecoins
- Lending & credit
- Treasury & liquidity
- Derivatives
- Alternative investments (PE, Hedge Funds)

Per industries in USD trillion

+53%

0.6 1.0 1.6 2.7 4.6 9.4 13.4 16.5 18.9
2025 2026 2027 2028 2029 2030 2031 2032 2033

- Investment & Corporate Banks
- Private Banking & Wealth
- Retail & Universal Banking
- Alternative Investments (PE/VC)
- Payments & Fintech
- Consumer & Healthcare
- Technology & Digital
- Industrials & Resources
- Government & Regulators

Source: Ripple and BCG

출처: Boston Consulting Group (BCG) / Ripple, *Approaching the Tokenization Tipping Point*, April 2025.

2033년 토큰화 자산 시장 전망, 약 18.9조 달러

맥킨지가 기존 규제 환경 내에서의 '점진적 개선'에 초점을 맞추었다면, BCG는 블록체인 기술이 전통적 중개 모델을 완전히 대체하는 '파괴적 전환'을 전제로 삼았다.

또한, '토큰화'를 단순한 신규 상품 출시로 보느냐, 아니면 기존 수백 조 달러에 달하는 전 세계 부채 및 자본 시장의 인프라 자체가 통째로 이전되는 것으로 보느냐에 따라 계산식은 완전히 달라진다. 시장의 현재 위치와 향후 향방을 냉철하게 진단하기 위해서는 이러한 전망치 뒤에 숨은 소음을 걷어내고, 실제 자본이 어디로 흐르고 있는지 데이터로 증명해야 한다.

3,310억 달러의 냉정한 분석과 자산 구성의 재편

도이체방크 리서치Deutsche Bank Research의 2025년 11월 분석에 따르면, 스테이블코인을 포함한 글로벌 토큰화 자산 시장의 총 규모는 약 3,310억 달러로 집계되었다. 이는 2018년 당시 5,970만 달러에 불과했던 시장이 불과 7년 만에 500,000%가 넘는 경이적인 성장률을 기록했음을 의미한다. 성장의 궤적은 의심의 여지가 없으나, 우리가 정밀하게 들여다봐야 할 대목은 시장의 외형이 아니라 그 내실, 즉 '자산 구성Asset Mix'의 파편화된 실체다.

현재 시장은 스테이블코인이 약 2,250억 달러로 전체의 90%에 육박하는 압도적인 지배력을 행사하고 있다. 반면, 기관

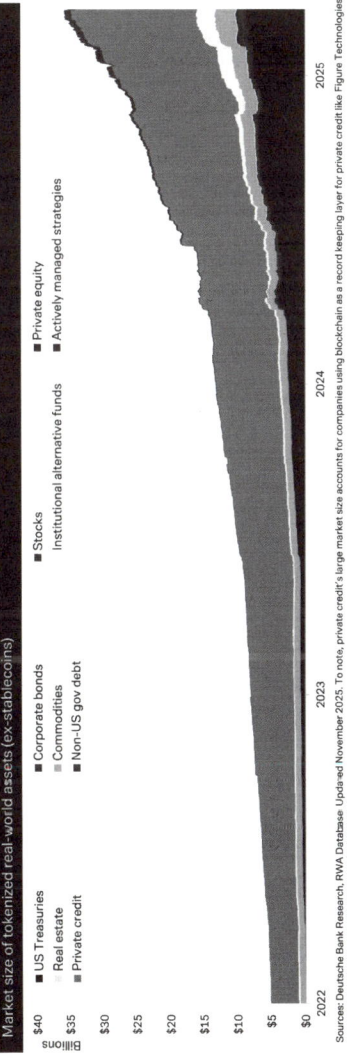

Market size of tokenized real-world assets (ex-stablecoins)

■ US Treasuries ■ Corporate bonds ■ Stocks ■ Private equity
■ Real estate ■ Commodities Institutional alternative funds ■ Actively managed strategies
■ Private credit ■ Non-US gov debt

Billions
$40
$35
$30
$25
$20
$15
$10
$5
$0

2022   2023   2024   2025

Sources: Deutsche Bank Research, RWA Database Updated November 2025. To note, private credit's large market size accounts for companies using blockchain as a record keeping layer for private credit like Figure Technologies, who record all their loan level data onto the blockchain.

출처: **Deutsche Bank Research**, *Asset Tokenization 101* (Marion Labour, Camilla Siazon), November 2025.

글로벌 토큰 자산 시장 현황, 약 3,310억 달러

들의 큰 관심을 받았던 토큰화된 미국 국채는 약 56억 달러로 전체의 약 3% 수준에 머물러 있으며, 사모 대출과 기관용 대체 투자 펀드 등이 나머지 7%를 구성하고 있다. 주식, 부동산, 회사채 등은 각각 전체 시장의 1% 미만이라는 미미한 비중에 그치고 있는 것이 현실이다.

이러한 집중 현상은 시사하는 바가 크다. 스테이블코인을 제외할 경우, 실물자산RWA 토큰화 시장은 약 330억 달러 규모로 축소된다. 이 구분이 중요한 이유는 스테이블코인이 온체인 경제의 '혈관'이자 기저 통화 역할을 수행하는 반면, 일반 RWA는 '운용 수익'과 '자본 효율성'에 초점을 맞추고 있어 성장 동력과 규제 프레임워크가 본질적으로 판이하기 때문이다. 즉, 스테이블코인은 '인프라'로서 성장하고 있는 반면에, RWA는 상품으로서 이제 막 태동하고 있는 단계이기 때문이다.

온체인 경제의 혈관, 스테이블코인의 지배적 위상

법정화폐 담보 스테이블코인은 2025년 4월 2,249억 달러라는 사상 최고치를 경신하며 전년 대비 76%라는 가파른 상승세를 보였다. 시장은 테더USDT와 서클USDC이라는 두 지배적 발행사가 전체의 94%를 독점하는 견고한 양강 체제를 형성했다. 주목할 지점은 발행의 지역적 집중도다. 미국 기반 발행사가 시가총액의 거의 93%를 차지하고 있는데, 이는 스테이블코인 생태계 구축에 있어 미국의 규제 프레임워크와 금융 인프라가 얼마나 절대적인 영향력을 행사하고 있는지 입증한다.

스테이블코인은 이제 단순히 비트코인을 사기 위한 '교환권'이 아니다. 현재 스테이블코인은 국경 간 송금, 무역 결제, 그리고 탈중앙화 금융DeFi의 담보 자산으로 쓰이는 '온체인 달러' 그 자체다. 최근에는 에테나Ethena나 유주얼Usual 같은 신생 플레이어들이 출시 수개월 만에 수억 달러 규모의 자금을 흡수하며 시장의 역동성을 증명했다.

전통 금융기관들의 경우 소시에테 제네랄EURCV 등이 진입했으나 아직 미미한 수준으로, 이후 미국의 규제 명확성 확보에 따라 대형 은행들의 추가 진입이 본격화될 것으로 예상된다. 스테이블코인은 이제 가상자산 거래를 위한 수단을 넘어, 온체인 자본시장의 모든 결제를 완결 짓는 중추적 인프라로 자리매김했다. 결제가 스테이블코인으로 이루어지지 않는 토큰화 시장은 존재할 수 없다는 것이 시장이 내린 결론이다.

실질적 **RWA**Real World Asset **시장의 규모**

: 스테이블코인을 제외한 '진성' 토큰화 자산의 가치

2026년 현재, 언론에서 흔히 언급되는 수천억 달러 규모의 토큰화 시장은 대부분 스테이블코인에 의존하고 있다. 그러나 금융권이 진정으로 주목하는 변화의 핵심은 단순한 현금의 디지털화를 넘어선 '수익을 창출하는 자산'의 토큰화에 있다.

- **토큰화 국채**: 56억 달러 (정부 채권의 온체인화 및 실시간 담보 활용)
- **사모 대출 및 펀드**: 약 120억 달러 (기관 전용 대체 투자 상품의 디지털화)
- **기타 RWA(부동산, 원자재 등)**: 약 154억 달러

합산 약 330억 달러에 달하는 이 시장은 스테이블코인 대비 절대적 규모는 작으나, 전통 금융의 핵심 자산이 디지털 원장으로 본격적인 이주를 시작했음을 보여주는 실질적인 지표다. 특히

이 시장의 연평균 성장률CAGR이 스테이블코인을 앞서기 시작했다는 점은 자본의 무게 중심이 '결제 수단'에서 '투자 상품'으로 옮겨가고 있음을 시사한다.

전망치가 갈리는 이유와 전략적 분석 프레임워크

시장 전망의 극심한 괴리는 단순히 수치의 차이가 아니라, 규제 발전과 인프라 성숙도에 대한 세 가지 근본적으로 다른 시각을 반영한다. 이는 우리가 토큰화의 미래를 설계할 때 어떤 가정에 무게를 둘 것인가의 문제와 직결된다.

첫째, 보수적 관점에서의 '인프라의 점진적 현대화' 시각이다. 맥킨지와 도이체방크가 견지하는 이 시각은 토큰화를 기존 규제 및 시장 구조 내에서의 효율화 도구로 정의한다. 이들은 규제 개선이 단계적으로 이루어질 것이며, 2차 시장 유동성 부족과 은행들의 불균등한 도입 속도를 고려할 때 대규모 전환은 2030년 이전에는 어렵다는 신중론을 바탕에 두고 있다.

둘째, 기관 모멘텀 관점에서의 '인프라 구축의 가속화' 시각이다. 씨티Citi와 브로드리지Broadridge는 관찰 가능한 '기관의 행태 변화'에 집중한다. 2025년 설문에 따르면 수탁기관의 63%

가 이미 토큰화 서비스를 제공 중이며, 이들은 토큰화가 자본 시장의 관리 가능한 변혁으로서 빠르게 확산될 것으로 보며 2030년까지 약 4~5조 달러 규모의 성장을 예견한다.

셋째, 가상자산 네이티브 관점에서의 '퍼미션리스Permission-less 성장' 시각이다. BCG와 스탠다드차타드가 대변하는 가장 확장적인 시각으로, 블록체인 인프라가 전통적 중개인을 우회하고 네트워크 효과를 극대화하여 글로벌 금융 질서를 근본적으로 재편할 것이라 본다. 이들은 토큰화와 디파이DeFi 프로토콜의 융합이 기하급수적인 성장을 견인하여 수십조 달러 규모의 시장이 열릴 것으로 기대한다.

기관화된 토큰화의 실체
: 블랙록 BUIDL이 증명한 시장의 변곡점

블랙록BlackRock의 '비들BUIDL' 펀드는 토큰화가 단순한 기술적 실험 단계를 넘어 본격적인 상업적 배치 단계로 진입했음을 보여주는 가장 강력한 증거다. 2024년 3월 출시된 이 펀드는 불과 1년 만에 운용자산AUM 25억 달러를 돌파하며, 토큰화된 미국 국채 시장 점유율의 44%를 단숨에 장악했다. BUIDL의 성공은 단순한 규모의 성장을 넘어, 전통 금융의 자본이 가상자산 생태계의 기저 인프라와 어떻게 유기적으로 결합될 수 있는지를 증명했다는 점에서 기념비적이다.

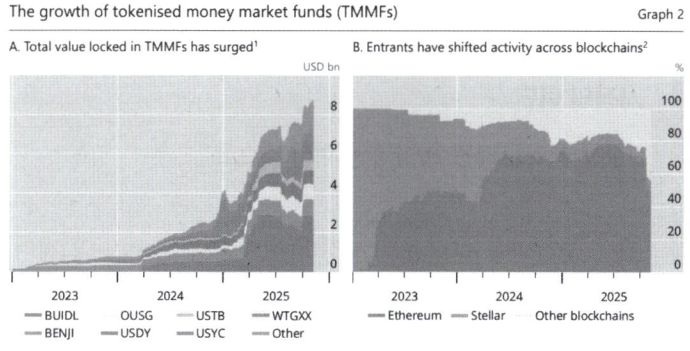

The growth of tokenised money market funds (TMMFs)   Graph 2

A. Total value locked in TMMFs has surged[1]   B. Entrants have shifted activity across blockchains[2]

[1] Total value locked (TVL); based on a sample of 36 TMMFs. [2] TVL by blockchain, as a percentage share of total TMMF TVL.
Sources: rwa.xyz; authors' calculations.

출처: **BIS** (**Bank for International Settlements**),
Bulletin No. 115: The Rise of Tokenised Money Market Funds, November 2025.

TMMF 시장 규모, 2년 이내 10배 이상 성장

이 펀드는 다수의 퍼블릭 블록체인에서 운영되며, 주요 가상자산 거래소 및 디파이DeFi 프로토콜에서 담보 자산으로 인정받기 시작했다. 이는 토큰화된 국채가 단순한 투자 상품을 넘어, 온체인 생태계에서 '디지털 기저 자산'으로 활용되는 새로운 유틸리티를 확보했음을 의미한다. 국제결제은행BIS에 따르면, 이와 같은 토큰화 MMF(TMMF) 규모는 최근 2년 사이 10배 이상 증가했다. 이러한 패턴은 전통 금융과 가상자산 금융이 더 이상 분절된 영역이 아니며, 자본이 실시간으로 흐르는 '통합된 금융 체계'로 진화하고 있음을 시사한다.

시장의 이면
: 성장을 가로막는 제약과 잠재적 리스크

지적 정직함을 바탕으로 시장의 장밋빛 전망 이면의 제약 또한 직시해야 한다. 현재 토큰화 시장은 폭발적인 성장세에도 불구하고 몇 가지 구조적 결함을 내포하고 있다. 가장 먼저 지적되는 문제는 '집중 위험Concentration Risk'이다. 주요 토큰화 펀드들의 지분 구조를 분석해 보면, 보유분의 90%가 단 4개의 지갑 주소에 집중되어 있는 경우가 허다하다. 이는 기술적으로는 탈중앙화된 원장을 사용하고 있으나, 실질적인 경제적 영향력은 여전히 소수 권력에 집중되어 있어 새로운 형태의 시스템 리스크를 유발할 수 있음을 뜻한다.

또한 '2차 시장 유동성의 한계'는 토큰화의 궁극적인 편익인 '거래 효율성'을 저해하는 고질적인 과제다. 현재 발행된 수

Investment focus on US government debt amid high investor concentration

In per cent   Graph 3

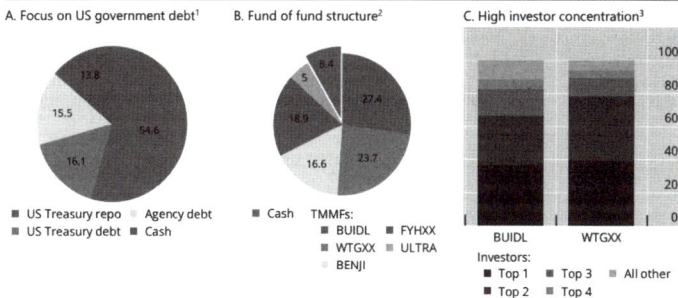

A. Focus on US government debt[1]   B. Fund of fund structure[2]   C. High investor concentration[3]

A.
- 54.6
- 16.1
- 15.5
- 13.8
  - ■ US Treasury repo ■ Agency debt
  - ■ US Treasury debt ■ Cash

B.
- 27.4
- 23.7
- 16.6
- 18.9
- 5
- 8.4
  - ■ Cash TMMFs:
    - ■ BUIDL ■ FYHXX
    - ■ WTGXX ■ ULTRA
    - ○ BENJI

C.
- BUIDL WTGXX
- Investors:
  - ■ Top 1 ■ Top 3 ■ All other
  - ■ Top 2 ■ Top 4

[1] Average holdings of BENJI, February–April 2025. [2] Average holdings of OUSG, February–April 2025. [3] Share of TMMF tokens held by the four wallet addresses that account for the largest holdings of BUIDL and of WTGXX, respectively; wallet addresses differ across funds.

Sources: Company filings; iMoneynet; ondo finance; rwa.xyz; authors' calculations.

출처: **BIS (Bank for International Settlements)**, *Bulletin No. 115: The Rise of Tokenised Money Market Funds*, November 2025.

토큰화 펀드의 집중도, 보유분의 90%가 4개 지갑

많은 토큰화 프로젝트 중 유의미한 거래량을 기록하며 활발히 유통되는 사례는 절반 수준에도 미치지 못한다. 유동성이 확보되지 않은 토큰화는 가격 발견 기능을 상실하며, 결국 투자자들에게 '디지털화된 비유동 자산'을 보유하게 하는 결과만 낳을 수 있다. 여기에 프라이빗 키 관리 실수와 같은 운용 리스크는 전통 금융 시스템과는 비교할 수 없는 치명적인 자산 손실 시나리오를 제시한다.

2030년을 향한 새로운 기준선의 정립

2026년 현재, 토큰화 시장은 '작은 기반에서의 폭발적 성장'과 '특정 자산 및 소수 플레이어의 지배'라는 양면성을 띠고 있다. 하지만 분명한 것은 2025년부터 2030년까지의 5년이 금융의 새로운 규칙Rule과 기술 표준, 그리고 시장 구조가 확립되는 '결정적 형성기'가 될 것이라는 점이다.

이 기간 동안 기관 투자자들은 자산의 상당 부분을 토큰화하겠다는 구체적인 로드맵을 실행에 옮길 것이며, 각국 정부는 상호운용성 표준을 마련하기 위해 치열한 경쟁을 벌일 것이다. 이제 질문은 "토큰화가 자본시장을 바꿀 것인가"라는 해묵은 의구심이 아니다. "우리 정부와 금융기관이 그 변혁의 설계자가 되어 새로운 질서의 혜택을 누릴 준비가 되어 있는가"이다.

데이터는 '인프라의 대이동'을 가리키고 있다

전망치들 사이의 10배 가까운 격차는 결국 '금융의 운영체제^{OS}를 얼마나 빨리 갈아치울 것인가'에 대한 베팅의 차이다. 맥킨지가 조심스럽게 인프라의 점진적 현대화를 점쳤다면, BCG는 가상자산 기반의 새로운 금융 질서가 기존 시스템을 완전히 흡수하는 시나리오를 그렸다.

중요한 것은 어떤 수치가 맞느냐가 아니라, 모든 지표가 '자산의 온체인화'라는 단 한 방향을 가리키고 있다는 사실이다. 3,310억 달러라는 수치는 거대한 금융 바다에 비하면 작아 보일 수 있으나, 그 증가의 기울기는 과거 그 어떤 금융 혁신보다 가파르다. 우리가 주목해야 할 것은 소음 섞인 헤드라인이 아니라, 블랙록과 같은 거대 자본이 왜 자신의 평판을 걸고 이 '새로운 언어'에 투자하고 있는가이다.

Chapter 04

규제 수렴
세 가지 모델, 하나의 방향

규제, 시장의 장벽에서 강력한 촉진자^{Facilitator}로의 변모

2024년까지만 해도 규제 당국은 토큰화 대중화를 가로막는 최대 장벽이자 불확실성의 근원으로 인식되었다. 기술은 앞서가는데 법제도는 과거의 문법에 머물러 있다는 비판이 지배적이었으며, 금융기관들은 명확한 가이드라인 없이 모험적인 실험을 지속해야 했다. 그러나 2025년 말이 되자 상황은 완전히 반전되었다. 규제는 시장의 성장을 억제하는 '족쇄'가 아니라, 오히려 자본이 안착할 수 있는 신뢰의 토대를 제공하는 가장 효과적인 촉진자로 탈바꿈했다.

변화의 본질은 단순히 당국의 태도가 유연해진 것이 아닌, 실질적인 '집행력'의 확보에 있었다. 세계 주요 금융 당국이 탐색적이고 추상적인 프레임워크를 넘어, 시장에서 즉각적으로 작동 가능한 구체적인 규칙들을 확립하기 시작한 것이다. 이는 기관 투자자들이 수조 달러 규모의 자본을 투입하는 데 필수적인 '법적 확실성'을 창출했다. 이제 자본은 규제가 없는 곳이 아니라, 규제가 가장 명확하고 정교하게 설계된 곳으로 흐른다. 이러한 변혁은 놀라울 정도로 동시다발적이었으며, 이는 글로벌 금융 질서가 토큰화라는 새로운 표준으로 빠르게 수렴하고 있음을 시사한다.

유럽 모델
: 프레임워크 선행과 제도적 질서의 확립

유럽연합EU은 디지털 자산 규제에 있어 가장 체계적이고 포괄적인 접근을 취하고 있다. 유럽의 전략은 '법이 먼저 길을 닦고 시장이 그 뒤를 따르게 한다'는 프레임워크 선행형 모델이다. 암호자산과 증권형 토큰, 시장 인프라를 각각 별도의 법제로 다루되 이를 정교하게 연동시키는 구조를 완성했다.

그 정점에는 가상자산시장법MiCA이 있다. 2024년 말 전면 시행된 MiCA는 디지털 자산에 대한 세계 최초의 통일된 법적 프레임워크다. 이 법은 스테이블코인 발행사에 대해 고품질 유동 자산 기반의 완전 담보 준비금과 엄격한 상환 권리를 요구한다. 특히 주목할 지점은 'EU 패스포트Passporting' 권한에 있다. 과거에는 프랑스에서 인가받은 사업자가 독일이나 이탈리아에서 활동하려면 각국 당국의 별도 승인을 거쳐야 했으나, 이제는 단 하나의 라이선스로 27개국 전역에서 사업을 할 수 있다. 규제 파편화를 해소하고 유럽을 단일 거대 시장으로 묶어주어 서클 등 글로벌 플레이어들을 유럽으로 유인할 수 있는 강력한 동력이 되었다. 시장은 즉각 반응했으며, 규제를 준수하지 못하는 토큰이 도태되고, MiCA를 준수한 토큰 중심으로 거래가 활성화되었다.

증권형 토큰에 대해서는 기존의 MiFID II 프레임워크를 적용하여 전통 증권 수준의 의무를 부과한다. 동시에 'DLT 파일럿 레짐Pilot Regime'이라는 규제 샌드박스를 통해 시장 인프라 개발을 지원한다. 이는 기술이 법을 바꾸는 것이 아니라, 법이 기술의 잠재력을 수용하기 위해 스스로 유연해진 대표적 사례로 평가받는다. 2025년 들어 규제 당국이 유연한 해석을 내놓으며 유럽 내 주요 은행들이 국채와 회사채를 온체인에서 직접 발행하고 유통하는 실질적인 인프라로 도입되고 있다.

미국 모델
: 사법적 행동과 입법을 통한 명확성 확보

미국은 포괄적인 법안 설계보다는 특정 현안에 대한 집중되는 입법 조치와 사법적 판단을 통해 규제 경로를 개척했다. 그 결과는 2025년 들어 더욱 강력한 영향력을 발휘했으며, 수년간의 모호성을 실행력이 대체했다.

미국 토큰화 전략의 제1호 성과물은 2025년 7월 제정된 'GENIUS법'이다. 미국 최초의 연방 스테이블코인 프레임워크인 이 법은 결제용 스테이블코인에 대해 100% 유동성 준비금 확보와 월간 공시 의무를 명시했다. 이는 스테이블코인을 불투명한 '회색지대'에서 끌어올려 정식 금융 인프라의 핵심 요소로 안착시켰다. 법 통과 직후 JP모건 등 전통 금융기관들이 발행 프로그램 준비에 착수하며 시장의 신뢰도가 급상승했다.

또한 'CLARITY법'은 SEC(증권거래위원회)와 CFTC(상품선물거래위원회) 간의 관할권 분쟁이라는 고질적인 불확실성을 해결하는 데 집중한다. 발행, 수탁, 거래에 대한 명확한 규칙이 수립되기 시작했으며, 이를 통해 블랙록이나 골드만삭스 같은 기관들이 법적 리스크 없이 토큰화된 머니마켓펀드MMF나 국채 상품을 대량으로 출시할 수 있는 환경이 조성되었다. 이제 미국 시장에서 토큰화 자산은 정당한 금융 인프라로 기관적 수용을 받고 있으며, MMF 토큰이 파생상품 시장의 담보로 사용되는 등 실질적인 금융 도구로 활용되고 있다.

아시아태평양 모델
: 실용적 다원주의와 디지털 금융 허브의 설계

아시아태평양 지역은 유럽의 포괄적 입법이나 미국의 사법적 집행 모델과는 결을 달리하는 '실용적 다원주의'를 채택하고 있다. 이들은 단일한 법적 템플릿에 얽매이기보다 각국의 금융 시스템과 지리적 강점에 최적화된 프레임워크를 신속하게 구축하며, 글로벌 자본을 유인하는 '디지털 금융 허브' 경쟁에 사활을 걸고 있다.

그 선두에 선 싱가포르는 '설계된 안전Safe by Design'을 핵심 가치로 내걸고 있다. 싱가포르 통화청MAS은 결제서비스법PSA을 통해 디지털 자산의 정의와 라이선싱 체계를 명확히 확립했다. 특히 주목해야 할 것은 민관 협력 플랫폼인 '프로젝트 가디언 Project Guardian'이다. 이는 JP모건, DBS, SBI 디지털 자산 홀딩스 등 글로벌 금융기관들과 함께 국채, 외환, 펀드 자산의 토큰화 실용 사례를 창출하는 거대한 실험장이다. 싱가포르는 단순히 국내 규제안을 만드는 데 그치지 않고, 영국 FCA, 일본 FSA 등 글로벌 주요국 당국자들과 협력하여 '자산 토큰화 표준Layer 1'을 직접 주도함으로써 전 세계 토큰화 자본이 모여드는 정교한 생태계를 설계하고 있다.

홍콩은 글로벌 자본의 유입을 극대화하기 위한 '접근 아키텍처'로서 규제를 재정의했다. 2025년 시행된 '스테이블코인 조례'와 가상자산 라이선싱 체계는 아시아에서 가장 명확한 진입 장벽과 법적 신뢰를 동시에 제공한다. 홍콩 금융관리국 HKMA이 추진하는 '프로젝드 앙싱블Project Ensemble'은 스테이블코인, 토큰화 예금, 디지털 홍콩달러e-HKD를 통합 결제 시스템 내에서 연결하는 시도로서, 홍콩이 글로벌 자본의 '실물자산 RWA 허브'로 도약하기 위한 신뢰의 통로를 개설했다는 평가를 받는다.

글로벌 규제 3대모델 비교표

구분	유럽(EU) 모델	미국(USA) 모델	아시아태평양 (APAC) 모델
핵심 철학	**프레임워크 선행형** (Law-First, Market-Follows)	**사법 행동 & 타겟 입법** (Enforcement & Clarity)	**실용적 다원주의** (Pragmatic Pluralism)
주요 전략	제도적 질서 확립 및 단일 시장 구축	불확실성 해소 및 기관 수용 가속화	디지털 금융 허브 설계 및 민관 협력
핵심 법제/ 프로젝트	**MiCA** (가상자산시장법), MiFID II, DLT 파일럿 레짐	**GENIUS법** (스테이블코인), **CLARITY법** (관할권 명확화)	**Project Guardian** (싱가포르), **Project Ensemble** (홍콩)
대표적 특징	**EU 패스포트**: 단일 라이선스로 27개국 사업 가능	**기관급 인프라**: MMF/국채 토큰의 담보 자산화	**허브 경쟁**: 국가별 특화 프레임워크 (RWA, 결제 등)
시장 영향	규제 준수 토큰 중심의 시장 재편, 은행의 온체인 채권 발행	블랙록·골드만삭스 등 대형 기관의 토큰화 상품 대량 출시	글로벌 자본 유입을 위한 '자산 토큰화 표준' 주도
지역별 강점	거대 단일 시장의 규모 경제와 법적 예측성	압도적인 자본력 기반의 실질적 금융 도구 활용	신속한 제도 정비와 혁신적인 실용 사례(Use-case) 창출

토큰화 × TOKENIZATION

일본은 '투자자 보호'와 '신뢰'를 최우선으로 하며, 이미 2020년부터 증권형 토큰을 법적으로 인정하는 등 가장 발 빠른 제도적 정비를 마쳤다. 일본은 스테이블코인 발행 자격을 은행과 신탁사로 엄격히 제한하여 시스템적 안정성을 확보하는 동시에, 2025년 엔화 페그 스테이블코인의 공식 출시와 USDC 유통 승인을 통해 혁신 자산의 수용 가능성을 증명했다. 일본의 전략은 강력한 국내 감독 체계 아래에서 기존 금융 인프라의 낙후된 부분을 디지털화하여 국가 경쟁력을 재건하는 데 방점이 찍혀 있다.

 저자의 인사이트

싱가포르의 '표준' vs 홍콩의 '유통'

싱가포르와 홍콩의 대결은 단순히 금융 허브 간의 경쟁이 아니라, 토큰화 금융의 두 가지 핵심 가치인 '표준Standard'과 '유통Liquidity'의 대결이다.

싱가포르는 기술적 세련미와 규제적 정교함을 앞세워 미래 금융의 '운영체제OS'를 설계하고 있다. 그들은 "어떻게 기록할 것인가"라는 프로토콜의 주도권을 쥐려 한다. 반면 홍콩은 강력한 자본 유입력을 바탕으로 실물자산이 디지털 원장 위에서 가장 활발히 거래되는 '마켓플레이스'를 구축하고 있다. 즉, 싱가포르는 '플랫폼'을, 홍콩은 '유동성'을 지향한다. 한국에게 이 두 모델은 선택의 문제가 아니다. 우리는 싱가포르의 인프라 표준을 참고하되, 홍콩의 개방적인 자본 접근 전략을 융합한 우리만의 모델을 찾아야 한다. 결국 규제 수렴의 종착역은 기술적 자유를 제한하는 것이 아니라, 기관이 안심하고 뛰어놀 수 있는 정교한 운동장을 만드는 데 있다.

 저자의 인사이트

규제 수렴의 종착역

: '기관 중심의 규제된 토큰화'

유럽의 통합 아키텍처, 미국의 연방 입법, 아시아의 실용적 허브 전략은 접근 방식은 다르나 결국 '기관 중심의 신뢰할 수 있는 토큰화 인프라'라는 하나의 본질로 향한다.

현재 전 세계 규제 당국이 도달하고 있는 합의점은 명확하다. 미래의 금융은 누구나 자유롭게 발행하는 무정부적 시장이 아니라, 엄격한 라이선스를 가진 기관이 자산을 설계하고 당국이 실시간 데이터 레이어를 통해 감독하는 '제도권 온체인 금융'이다. 규제 수렴은 단순히 기술을 금지하는 것이 아니라, 기술적 우위(실시간성, 원가 절감)를 전통 금융의 안정성(법적 신뢰, 소비자 보호)과 결합하는 고도의 전략적 설계이자 정교한 조율의 과정이다. 2025년은 규제가 더 이상 혁신의 방해물이 아니라, 시장이 안착할 수 있는 조건을 정의하는 '촉진자'임을 증명한 원년으로 기록될 것이다.

한국을 향한 질문
: 관망은 전략이 될 수 없다

이러한 글로벌 규제 수렴의 파고 속에서 한국의 현주소는 위태롭다. 한국은 세계 최정상급의 IT 인프라와 강력한 금융 규제력을 동시에 보유하고 있으나, 역설적으로 조각난 법체계가 토큰화 발전을 저해하는 병목 현상을 일으키고 있다. 자본시장법(투자 실질), 전자증권법(기록 방식), 특정금융정보법(자금세탁 방지)이라는 세 개의 법률이 서로 다른 관점에서 토큰을 바라보며 발생하는 '제도적 불일치'는 국내 기관 투자자들의 적극적인 참여를 가로막는 결정적 장애물이다.

전 세계 주요 국가들이 2025년을 기점으로 실질적으로 집행 가능한 규칙들을 확립하며 거대 자본을 흡수하고 있는 반면, 한국은 일부 영역에서의 과잉 규제와 또 다른 영역에서의 제도적 결여라는 비대칭성에 갇혀 있다. 이제 한국은 어떤 모델을 추종할 것인가를 고민하는 단계를 넘어, 우리의 강점을 극대화할 '한국형 통합 전략'을 시급히 설계해야 한다.

결국 기술은 중립적이나 그 위에 세워질 제도는 결코 중립적일 수 없다. 글로벌 표준이 수립되는 지금 이 시기를 놓치는 것은 혁신의 기회를 포기하는 것을 넘어, 미래 금융 질서에서의 탈락을 의미한다. 전략적 관망은 더 이상 대안이 될 수 없으며, 이제는 우리만의 금융 운영체제K-Financial OS를 구축하기 위한 결단이 필요한 시점이다.

Chapter 05

기관 투자의 전환
파일럿에서
실제 운영Production으로

실험의 끝,
그리고 '생산 등급Production-grade' 금융의 시작

2024년 당시, 세계 최대 자산운용사인 블랙록BlackRock이 선보인 '비들BUIDL' 펀드는 약 5억 달러 규모의 신중한 실험적 행보로 평가받았다. 이는 전통 금융의 거인이 토큰화 시장에 첫발을 들이는 상징적 사건이었으나, 업계 일각에서는 여전히 그 실질적 확장성에 의구심을 품고 있었다. 하지만 시장의 회의론을 뒤로하고 불과 1년여 만인 2025년 중반, BUIDL은 총 예치

자산^AUM 25억 달러를 돌파하며 시장의 판도를 완전히 바꾸어 놓았다.

이는 단일 연도에만 무려 372.8%라는 경이적인 성장을 기록한 것이며, 전 세계 토큰화 국채 시장의 44%를 점유하며 압도적 주도권을 장악했음을 의미한다. 이제 토큰화는 더 이상 변두리의 기술 실험이나 홍보용 파일럿이 아니다. 월스트리트의 거대 자본이 실시간으로 움직이고, 기관의 엄격한 리스크 관리 체계가 작동하는 '생산 등급^Production-grade'의 금융 인프라로 그 성격이 완전히 바뀌었다.

블랙록의 성공은 다른 기관들에게 "기술적으로 가능함"을 넘어 "상업적으로 매우 유망함"이라는 강력한 확신을 심어주었다. 본 장에서는 실험적 단계를 넘어 실제 운영 수준으로 진화한 기관들의 참여 양상을 정밀하게 해부한다. 3장에서 확인한 시장 데이터와 4장의 규제 수렴 현상은, 이제 기관들의 본격적인 '실전 배치'라는 마지막 퍼즐과 결합하여 금융의 미래를 현실로 앞당기고 있다.

기관 선도자들
: 신뢰의 전통과 기술의 혁신이 빚어낸 결합

기관 도입의 패턴을 분석해 보면 매우 명확한 위계적 흐름이 포착된다. 자산 서비스와 결제의 중심에 있는 수탁기관 Custodians이 인프라 구축의 선봉에 서고, 그 위에서 자산운용사들이 상품을 설계하며, 상대적으로 보수적인 자산관리사들이 고객 포트폴리오를 점진적으로 이동시키고 있다.

그 중심에 선 블랙록의 파괴력은 단순히 펀드 규모에만 있지 않다. BUIDL은 이더리움을 비롯한 여러 퍼블릭 블록체인에서 운영되며, 블록체인 네이티브 결제를 통해 기관 투자자들에게 국채 및 MMF 노출을 제공한다. 결정적으로 BUIDL 토큰은 Crypto.com이나 Deribit 같은 주요 가상자산 거래소에서 담보 자산으로 인정받기 시작했다. 이는 전통 자본이 가상자산 생태계의 '기초 담보Basic Collateral'로 자리 잡았음을 뜻하며, 전통 자본이 온체인 유동성의 핵심 혈관으로 통합되었음을 시사하는 중대한 사건이다.

프랭클린 템플턴Franklin Templeton은 기록 시스템의 혁명을 주도하고 있다. 이들의 FOBXX 펀드는 퍼블릭 블록체인을 '공식 기록 시스템System of Record'으로 사용한 미국 최초의 등록 뮤추얼 펀드다. BENJI 토큰을 통해 구현된 P2P 지분 이전과 실시간 소유권 추적은 전통적인 펀드 인프라에서는 상상할 수 없었던 효율성을 제공한다. 과거에는 펀드 지분을 옮기기 위해 며칠이 소요되는 사무 수탁 과정을 거쳐야 했으나, 이제는 스마트 컨트랙트가 그 역할을 실시간으로 대신한다. 이는 토큰화가 기존 법적 테두리 내에서 완벽히 작동할 수 있음을 입증한 기술적 승리이자 제도적 성취로 평가받는다.

JP모건의 Kinexys(구 Onyx)는 결제 규모의 실질적 증명을 보여준다. 일일 20억 달러 이상의 거래량을 처리하는 이 플랫폼은 기관 간 결제에 있어 토큰화가 얼마나 강력한 도구인지 입증한다. 대형 금융기관들이 MMF 지분을 실시간 담보로 제공하고 이전하는 이 플랫폼의 규모는, 토큰화된 결제가 이미 상업적으로 유의미한 임계치를 넘어섰음을 증명하고 있다. JP모건은 이를 통해 단순한 은행업을 넘어, 전 세계 금융기관들이 연결되는 '디지털 결제 레일'을 선점하겠다는 야심을 현실화하고 있다.

가상자산 기술이 전통 금융의 '백오피스'를 점령하다
: 운영 효율의 극대화

기관 투자자들이 토큰화에 열광하는 현상을 단순히 새로운 투자 상품을 찾는 움직임으로만 해석해서는 안 된다. 그 본질은 금융 시스템의 가장 깊숙한 곳, 즉 '백오피스Back-office 운영 효율의 극대화'에 있다. 전통 금융에서 자산을 거래하고 소유권을 이전하는 데 들어가는 수많은 중개 비용과 시간적 지체(T+2, T+1 등)를 블록체인이라는 단일 공유 원장을 통해 획기적으로 줄이는 과정이다.

2026년 현재, 기관들은 가상자산을 투자의 대상에서 '운영의 기반 인프라'로 재정의하고 있다. 블랙록이 펀드 지분을 토큰화하고 JP모건이 결제망을 온세인화하는 것은 기술적 호기심이 아니라, 자본 효율성을 높여 생존하기 위한 인프라 현대화 작업이다. 이제 금융의 경쟁력은 얼마나 큰 자본을 가졌느냐가 아니라, 얼마나 정교하고 안전한 디지털 원장 기술을 보유하여 '실시간 확정성'을 제공하느냐에 따라 결정될 것이다.

수탁기관
: 디지털 금융의 새로운 게이트키퍼와 인프라의 재설계

기관 투자의 전환에서 가장 주목해야 할 주체는 금융의 금고지기인 수탁기관Custodians이다. 최근 조사에 따르면 글로벌 수탁기관의 무려 93%가 토큰화 서비스에 이미 참여 중이거나 단기 내 도입 계획을 가지고 있을 정도로 이 분야의 움직임은 빠르다. 스테이트 스트리트State Street나 BNY 멜론BNY Mellon 같은 거대 수탁 은행들은 이제 단순히 자산을 안전하게 보관하는 수동적 역할을 넘어, 디지털 금융의 새로운 '게이트키퍼Gatekeeper'로 진화하고 있다.

이들은 스마트 컨트랙트를 통해 결제를 자동화하고, 펀드 회계 데이터를 직접 온체인으로 송출하며, 자산의 전 생애주기를 디지털 방식으로 관리하는 인프라의 중심축을 재설계하고 있다. 특히 수탁기관들은 토큰화된 자산의 발행부터 유통, 상환에 이르는 모든 과정을 하나의 워크플로우로 통합함으로써 데이터 불일치로 인한 운영 리스크를 획기적으로 낮추고 있다. 이는 수동 대조 작업에 의존하던 수만 명의 인력을 고부가가치 분석 업무로 전환할 수 있는 기반이 된다.

이러한 흐름은 서구권에 국한되지 않는다. 아시아의 차이나 애셋 매니지먼트China Asset Management나 CPIC와 같은 대형 운용사들 역시 수탁 시스템의 디지털 전환을 서두르고 있다. 이는 토큰화가 특정 지역의 전용 기술이 아니라 전 세계 금융의 공용 언어로 정착되고 있음을 보여주는 강력한 증거다. 수탁기관의 변화는 결국 전통 금융 시스템의 심장부가 온체인 기술을 수용했음을 의미하며, 이는 자본 시장의 완전한 디지털 전환을 앞당기는 결정적 계기가 될 것이다.

상호운용성, 글로벌 디지털 자본시장의 마지막 관문

기관 투자자들이 실험적 파일럿을 넘어 실전 배치Production로 나아감에 따라, 시장은 이제 '어떻게 토큰화할 것인가'를 넘어 '어떻게 서로 다른 네트워크를 연결할 것인가'라는 상호운용성Interoperability의 단계로 진입하고 있다. 개별 금융기관들이 구축한 수십 개의 허가형 원장들이 고립된 섬으로 남지 않도록 잇는 작업이 시작된 것이다.

이러한 연결망이 완성될 때 비로소 자본은 국경과 네트워크의 경계를 넘어 막힘없이 흐르게 될 것이다. 이는 자본의 유동성을 극대화하고 진정한 의미의 글로벌 디지털 자본시장을 완성하는 마지막 관문이 될 것이다. 기관들이 깔아놓은 이 레일 위에서 미래 금융의 모든 가치는 실시간으로 이동하고 정산될 준비를 마쳐가고 있다.

Chapter 06

인프라의 역설
파편화를 넘어
통합과 상호운용성으로

파편화의 역설
: 고립된 섬이 된 디지털 원장들

5장에서 다룬 기관들의 대거 진입은 역설적으로 새로운 구조적 결함을 야기했디. 글로벌 금융을 하나로 묶어줄 것으로 기대했던 분산원장기술DLT이, 실제로는 수십 개의 고립된 네트워크를 만들어내며 '인프라의 파편화'를 초래한 것이다. 2025년 5월 현재, 주요 금융사들이 개별적으로 도입한 원장은 최소 72개 이상으로 파악되며, 이는 개별 네트워크 배치를 가속화하는 다양한 시장 동력에 의해 추진된 결과다. 이는 통합된 효율성이 아닌 '디지털 발칸화Digital Balkanization'를 의미하며, 유동성이 각자의 독점적 생태계 내에 갇힌 '고립된 섬'들을 양산하는 결과를 낳았다.

금융기관들이 보안과 규제 준수를 위해 프라이빗 허가형 DLT를 선택한 것은 초기 단계에서는 합리적인 선택이었다. 허가형 네트워크는 참여자를 고객으로 제한하고 신원 확인KYC 요건을 엄격히 구현할 수 있게 해주기 때문이다. 그러나 그 결과로 유동성은 양분되었고 운영의 복잡성은 오히려 증가했다. 서로 호환되지 않는 네트워크에 흩어진 자산은 담보로서의 활용도가 현저히 떨어지며, 가격 발견 과정의 효율성을 저해한다. 더욱이 이 네트워크들을 억지로 잇기 위해 도입된 양자 간 브리지Bridge 기술은 악의적인 행위자들에게 새로운 공격 지점Attack Vector을 제공하는 등 기술적 리스크를 가중시키고 있다. 결국 중개자를 제거하기 위해 설계된 아키텍처가 오히려 새로운 형태의 파편화와 취약성을 만들어낸 셈이다.

결제 혁명
: 아토믹 결제Atomic Settlement의 빛과 그림자

인프라의 파편화 속에서도 '결제 인프라' 영역은 비약적인 발전을 이루었다. 자산의 소유권 이전과 대금 지급이 실시간으로 동시에 완료되어 양쪽 모두 성공하거나 모두 실패하는 '아토믹 결제Atomic Settlement'가 이론적 가설을 넘어 실제 운영 단계에 진입했다. 스위스의 SDX 플랫폼 등에서 이루어지는 T+0 결제는 전통적인 청산 및 정산 주기를 파괴하며 거래 상대방 리스크를 원천적으로 제거하는 성과를 거두었다.

이러한 효율성은 가시적인 수치로 증명된다. 아토믹 결제는 매수-매도 스프레드를 평균 5.3% 이상 낮추는 등 측정 가능한 비용 절감을 가져왔다. 그러나 이는 동시에 '사전 펀딩Pre-funding'이라는 새로운 유동성 부담을 안겨주었다. 기존 시장의 핵심이었던 '네팅Netting(차액 결제)'이 불가능해짐에 따라, 참가자들은 거래 실행 전에 자산과 현금 모두를 미리 포지셔닝해야 하고, 이로 인해 결제에 필요한 즉각적인 유동성 수요가 오히려 급증하는 부작용이 나타난 것이다. 유동성 공급이 파편화된 상태에서 발생하는 이러한 수요는 시장 구조를 변경하고 변동성을 키우는 새로운 리스크 요인으로 부상하고 있다.

상호운용성
: 파편화된 금융을 잇는 가교와 오케스트레이션

업계는 파편화가 토큰화의 가치 제안 자체를 위협하고 있음을 깨닫고, 이를 해결하기 위한 '오케스트레이션Orchestration' 레이어 구축에 사활을 걸고 있다. 단순히 원장을 만드는 것이 아니라, 만들어진 원장들을 어떻게 연결하여 자본이 막힘없이 흐르게 할 것인가가 경쟁의 본질이 되었다.

글로벌 금융망의 중추인 SWIFT는 기존 ISO 20022 표준을 활용하여 전통 금융 시스템과 서로 다른 DLT 네트워크를 연결하는 '디지털 자산 오케스트레이터'를 개발하며 강력한 가교 역할을 자처하고 있다. 이는 수십 년간 신뢰를 쌓아온 기존 금융의 메시징 경로를 폐기하는 것이 아니라, 그 레일을 통해 토큰화된 자산이 흐를 수 있도록 인프라를 확장하는 전략이다.

한편, 골드만삭스 등이 참여한 '칸톤 네트워크Canton Network'는 금융권의 가장 까다로운 요구인 '정보 보안'과 '데이터 통합'을 동시에 해결하려는 시도를 선보였다. 칸톤은 각 금융기관의

프라이버시를 철저히 보존하면서도, 서로 다른 애플리케이션 간의 스마트 컨트랙트가 실시간으로 상호작용할 수 있는 독특한 아키텍처를 가졌으며, 이는 파편화된 원장들을 하나의 거대한 가상 원장처럼 작동하게 만드는 핵심 기술로 평가받는다.

기술 격차의 병목
: AI 분석과 리스크 관리의 지연

포스트 트레이드Post-trade 영역의 완전한 전환을 위해서는 원장 기술의 혁신만으로는 부족하다. 실시간으로 자산이 이동하고 정산되는 환경은 필연적으로 '실시간 리스크 분석Real-time Risk Analysis'을 필요로 한다. 자산이 빛의 속도로 이동하는데 이를 감시하고 리스크를 측정하는 도구가 과거의 수동적 방식에 머물러 있다면, 이는 제어 불가능한 속도로 번지는 대규모 금융 사고의 도화선이 될 수 있기 때문이다.

여기서 심각한 '기술적 불균형'이 발생한다. 전사적인 AI 도입 열풍에도 불구하고, 실제 결제 및 수탁 영역의 AI 프로젝트 비중은 마케팅이나 고객 서비스 영역의 절반 수준에 머물러 있다. 자본의 이동 속도는 비약적으로 빨라졌으나, 그 이동이 안전한지 판단하는 리스크 관리 기술은 여전히 인간의 속도와 낮은 알고리즘에 묶여 있는 '병목 현상'이 발생하고 있는 것이다. 인프라의 성공적인 전환은 단일 원장 기술의 승리가 아니라, 원장 기술과 이를 실시간으로 분석하는 AI 기술, 그리고 제도적 표준이 정교하게 맞물릴 때 비로소 완성된다.

저자의 인사이트

연결되지 않은 토큰은 자산이 아니라 '데이터'일 뿐이다

토큰화의 진정한 가치는 자산의 디지털화 그 자체가 아니라, 그 자산이 얼마나 넓은 네트워크에서 자유롭게 유통되느냐에 달려 있다. 현재 우리가 겪고 있는 '디지털 발칸화'는 혁신의 과도기적 현상이지만, 이를 방치할 경우 토큰화는 기존 금융 시스템보다 더 복잡하고 비효율적인 시스템으로 전락할 위험이 있다.

상호운용성은 선택이 아닌 생존의 문제다. 특정 기관의 폐쇄적인 원장 안에 갇힌 자산은 시장의 선택을 받을 수 없다. 결국 미래 금융의 승자는 가장 뛰어난 단독 원장을 가진 자가 아니라, 전 세계에 흩어진 유동성을 하나로 묶어낼 수 있는 '연결의 표준'을 장악하는 자가 될 것이다. 상호운용성 기술은 파편화된 금융의 조각들을 모아 거대한 하나의 시장으로 재구성하는 강력한 접착제가 될 것이다.

글로벌 금융 레일의 윤곽과 표준 전쟁

결론적으로, 디지털 발칸화를 극복하는 유일한 길은 '하이브리드 아키텍처'와 글로벌 '표준 채택'의 조합에 있다. ERC-3643과 같은 토큰 컴플라이언스 표준과 ISO 국제 표준의 결합이 가속화되면서, 비로소 상호운용 가능한 '글로벌 금융 레일'의 윤곽이 드러나고 있다.

이 표준 전쟁에서 승리하는 기술이 향후 수십 년간 전 세계 부의 이동을 통제하게 될 것이다. 파편화를 넘어 통합으로 가는 이 길은 금융 역사상 가장 치열하고 정교한 설계 전쟁의 장이 될 것이며, 우리는 그 설계도의 첫 문장을 목격하고 있다.

위험 분류
토큰화의 역설과
시스템적 취약성 해부

금융 혁신의 정당성 확보와 그에 수반되는 엄중한 경고

국제결제은행BIS은 시장의 지엽적인 기술적 변화에 대해 경솔하게 경고 보고서를 발간하지 않는다. 그러나 2025년 11월, BIS가 발표한 「토큰화 머니마켓펀드TMMF의 부상(Bulletin No. 115)」이라는 분석은 전 세계 금융 당국에 매우 중요한 메시지를 던졌다. 이 보고서는 토큰화가 이제 중앙은행의 직접적인 관리를 받아야 할 정당한 금융 혁신의 궤도에 올랐음을 공인함과 동시에, 그 급격한 성장 속도가 기존 리스크 관리 체계의 발전

속도를 앞지르고 있다는 엄중한 경고를 포함하고 있다.

이러한 이중성은 2025년 말 토큰화 금융이 직면한 현주소를 정확히 보여준다. 기술적 효용성은 현장에서 입증되었으나, 그 인프라 위에 쌓인 잠재적 위험 또한 관리 가능한 임계치를 향해 비대해지고 있는 상태다. 과거의 금융 위기가 보이지 않는 장부상의 불투명성에서 비롯되었다면, 미래의 위기는 너무나 투명하고 빠른 '온체인 데이터의 연쇄 반응'에서 비롯될 가능성이 크다.

본 장에서는 토큰화 금융의 확산에 수반되는 리스크를 집중 위험, 유동성 불일치, 상호연결 및 운영 위험이라는 핵심 범주로 분류하여 정밀하게 해부한다. 본 분석은 BIS를 비롯하여 IOSCO, FSB(금융안정위원회), OECD 등 권위 있는 국제기구의 최신 진단을 기반으로 하며, 이는 정책 입안자와 규제 당국이 반드시 참고해야 할 필수 지침이 될 것이다.

집중 위험
: 탈중앙화 속의 독점과 연쇄 청산의 공포

BIS의 분석에서 가장 충격적인 발견 중 하나는 '탈중앙화'

를 표방하는 블록체인 인프라에서 오히려 극심한 '보유의 집중' 현상이 나타나고 있다는 점이다. 토큰화 국채 시장의 44%를 점유하고 있는 블랙록의 BUIDL 펀드와 위즈덤트리의 WTGXX 펀드의 사례를 보면, 총 보유량의 약 90%가 단 4개의 지갑 주소에 집중되어 있다. 이는 기관 중심 토큰화가 가지는 근본적인 모순을 드러낸다.

이러한 자본 집중의 이면에는 전통적인 금융기관보다 디파이DeFi 프로토콜들이 핵심적인 동인으로 작용하고 있다. 이들은 토큰화된 펀드 지분을 담보로 재사용하거나 스테이블코인의 준비 자산으로 편입시키는 과정을 통해, 금융 시스템 전반의 상호의존성을 심화시키고 리스크가 복잡하게 얽힌 연쇄 고리를 형성하고 있다.

만약 주요 보유자 중 하나가 해킹을 당하거나, 특정 규제 조치로 인해 자산을 급격히 강제 청산Fire Sale하게 될 경우, 이는 토큰화 생태계 전체의 가격을 무너뜨리는 연쇄 충격의 시발점이 될 수 있다. 탈중앙화된 원장을 쓰면서도 자산의 지배력은 소수에게 집중된 이 '구조적 아이러니'는 토큰화 시장이 해결해야 할 가장 시급한 거버넌스 과제다.

유동성 불일치와 디지털 패닉
: 24시간 환매의 함정

더욱 심각한 문제는 '유동성 불일치Liquidity Mismatch'에서 발생한다. TMMF(토큰화 머니마켓펀드) 리스크의 본질은 토큰 특유의 '즉시 환매' 속성과 기초 자산인 국채 등의 'T+1/T+2 정산' 주기 사이의 시차에 있다. 투자자는 스마트 컨트랙트를 통해 24시간 언제든 자금을 회수할 수 있다고 믿지만, 그 토큰을 뒷받침하는 실제 자산은 전통적 금융 시장의 영업시간과 정산 주기에 묶여 있다.

전통적인 MMF는 위기 상황에서 중앙은행의 유동성 지원 시설이라는 안전망을 기대할 수 있으나, 온체인 기반의 TMMF는 이러한 공적 구제 수단으로부터 철저히 소외되어 있다. 특히 블록체인의 실시간 투명성은 위기 시 독으로 작용한다. 대형 투자자의 대규모 환매 요청이 온체인 데이터(Etherscan 등)를 통해 실시간으로 노출됨에 따라, 다른 투자자들이 뱅크런Bank run이 발생하기 전 앞다투어 자금을 회수하려는 '디지털 패닉'의 촉매제가 될 위험이 크다. 정보의 비대칭성이 해소된 대가로, 공포의 확산 속도 또한 광속으로 빨라진 셈이다.

상호연결 및 운영 위험
: 전통 금융으로의 전염과 기술적 종속

토큰화는 역설적으로 가상자산 시장의 변동성이 전통 금융 시장으로 스며드는 '고속도로'를 개척했다. TMMF 토큰을 담보로 스테이블코인을 빌리고, 그 자금으로 다시 자산을 매수하는 재귀적 레버리지 전략, 이른바 '루핑Looping'은 시장 상승기에는 수익을 극대화하지만 하락기에는 파멸적인 디레버리징Deleveraging의 악순환을 유발한다. IOSCO는 이러한 긴밀한 상호연결성을 핵심 규제 영역으로 식별하고, 가상자산 시장의 변동성이 전통 자본 시장의 신뢰를 훼손하지 않도록 감독 체계를 대폭 강화할 것을 주문하고 있다.

운영 및 기술적 측면에서의 취약점 또한 간과할 수 없다. 스마트 컨트랙트의 코딩 오류나 버그는 자산 이전을 마비시킬 수 있으며, 펀드의 기준가격NAV을 산출하기 위해 외부 데이터를 가져오는 '오라클Oracle'은 조작될 경우 단일 장애점SPOF으로 작용한다. 특히 퍼블릭 블록체인의 확률적 결제 모델은 결제가 되돌려질 수 있는 미세한 리스크를 내포하고 있어, 법적 확정성을 중시하는 기관들에게는 여전히 풀지 못한 숙제로 남아 있다. 이는 결국 금융 주권이 코드와 기술적 인프라에 종속되는 현상을 초래할 수 있다는 우려를 낳는다.

저자의 인사이트

리스크 관리의 패러다임 전환

: 사후 대응에서 실시간 감시로

토큰화 금융에서 발생하는 리스크는 과거의 문법으로는 해결할 수 없다. 자산이 빛의 속도로 이동하고 실시간으로 모든 거래가 투명하게 공개되는 환경에서는, 분기별 보고서나 사고 발생 후의 사후적 규제는 아무런 힘을 발휘하지 못한다.

이제 리스크 관리는 '데이터 기반의 실시간 모니터링' 체계로 완전히 전환되어야 한다. 당국은 온체인 데이터를 직접 분석하여 유동성 위기 징후를 사전에 포착하고, 스마트 컨트랙트 자체에 규제적 통제 기능을 내재화하는 '임베디드 슈퍼비전Embedded Supervision'을 도입해야 한다. 위험을 완전히 제거할 수는 없으나, 위험이 전염되는 속도를 기술적으로 제어할 수 있는 장치를 마련하는 것만이 토큰화 금융이 진정한 제도권 인프라로 안착할 수 있는 유일한 길이다.

안전한 금융 허브를 향한 정책적 제언

위험 분류 체계가 주는 교훈은 자명하다. 토큰화에 대한 규제적 관여는 더 이상 수동적이거나 실험적인 수준에 머물러서는 안 된다. 시장의 성장 속도에 발맞추어 리스크 모니터링 프레임워크를 상설화하고, 기술적 취약점에 대한 정기적인 보안 심사와 스트레스 테스트를 의무화해야 한다.

명확하고 정교한 리스크 프레임워크를 조기에 구축한 곳만이 혁신의 이점을 누리면서도 시스템적 붕괴를 막아내는 '가장 안전한 디지털 금융 허브'로 자리매김할 것이다. 토큰화 금융의 완성은 화려한 기술적 성취가 아니라, 보이지 않는 곳에서 작동하는 단단한 리스크 관리의 성벽 위에서 비로소 이루어진다.

2026년의 변곡점
왜 지금이 전략적 기회의 창인가

기술적 주변부에서 핵심 인프라로 이동하는 '정착의 순간'

모든 파괴적 기술의 역사에는 지엽적인 실험이 주류 사회의 핵심 인프라로 급격히 전환되는 '정착의 순간Moment of Settling'이 존재한다. 1990년대 중반의 상업용 인터넷이 통신 프로토콜을 넘어 경제 활동의 기본값이 되었을 때가 그러했고, 2000년대 후반의 모바일 컴퓨팅이 단순한 휴대폰 기능을 넘어 개인의 삶을 규정하는 플랫폼이 되었을 때가 그러했다. 금융 자산의 토큰화에 있어 2025년부터 2028년까지의 기간은 바로 그러한 역사적 변곡점이다.

우리는 앞선 장들을 통해 3,310억 달러 규모에 달하는 시장의 성적표와 글로벌 규제의 동시 다발적 수렴, 그리고 거대 금융기관들의 움직임을 확인했다. 이제 이러한 개별적 지표들은 하나의 거대한 결론을 향해 응집Aggregation되고 있다. 토큰화는 더 이상 변두리의 기술 담론이 아니며, 인류가 가치를 교환하고 소유권을 기록하는 새로운 금융 운영체제OS로 완전히 자리를 잡았다는 사실이다.

이 시기는 기술적 성숙도와 제도적 수용성이 교차하는 지점으로, 과거의 '가능성'이 현재의 '표준'으로 변모하는 단계다. 본 장에서는 이러한 지표들을 종합하여 지금 이 순간이 왜 국가와 기관 차원의 '전략적 기회의 창'인지를 규명하고, 변화에 눈감은 국가와 기업이 치러야 할 혹독한 대가를 엄중히 경고하고자 한다.

토큰화가 주류 금융 질서에 안착했음을 알리는 강력한 증거들

2026년 현재, 각기 다른 영역의 지표들이 하나의 거대한 물결로 통합되는 양상은 토큰화가 금융 인프라의 새로운 '표준Standard'이 되었음을 명확히 보여준다.

첫 번째 증거는 규제의 결정화Crystallization다. 미국의 'GENIUS법' 제정과 유럽연합의 'MiCA' 전면 발효는 시장을 억눌러온 규제적 모호성을 법적 확실성으로 뒤바꿔놓았다. 이는 기관 투자자들이 채택의 최대 장벽으로 꼽아온 법률적 공백과 수탁의 안전성 문제를 해결하며 수조 달러 규모의 연기금과 보험 자산이 유입될 수 있는 '안전한 통로'를 마련했다.

두 번째는 기관의 생산 등급 배포Production Deployment다. 블랙록의 BUIDL 펀드가 25억 달러 규모의 거대 자산군으로 성장하고, JP모건의 키넥시스Kinexys가 일일 20억 달러 이상의 결제를 처리하는 것은 단순한 실험이 아니다. 전 세계 수탁기관의 63%가 이미 관련 서비스를 제공하고 있다는 사실은 자본시장의 배관Plumbing 자체가 이미 토큰화된 인프라로 교체되었음을 시사한다. 이제 질문은 "토큰화가 가능한가"가 아니라 "누가 더 효율적으로 운영하는가"로 옮겨갔다.

세 번째는 **시장 인프라의 주류화와 공인**이다. 70개 이상의 분산 원장이 경쟁하는 가운데 SWIFT와 칸톤Canton 같은 상호 운용성 솔루션이 등장하며 파편화된 원장들을 하나로 묶기 시작했다. 특히 스테이블코인 발행사 서클Circle의 성공적인 IPO 는 가상자산 기반의 결제 시스템이 단순한 투기 수단이 아닌, 지속 가능한 금융 인프라로서 자본시장의 공식적인 인정을 받았음을 보여주는 강력한 상징이 되었다.

선점자 효과와 표준 설정의 권력이 주는 골든타임

2025~2028년이라는 골든타임은 무한정 지속되지 않는다. 이 시기를 결코 놓쳐서는 안 되는 이유는 명확한 선점자 이익 First-mover Advantage과 '표준 설정의 권력' 때문이다. 금융 인프라 는 네트워크 효과가 매우 강력하며, 한 번 특정 기술 표준이나 법적 프레임워크 위에 구축된 시스템을 바꾸는 데 드는 전환 비용은 상상을 초월할 정도로 높다.

지금처럼 기술적·규제적 표준이 고정되기 직전의 '형성 기'에 자리를 잡은 국가와 기관은, 이후 시장에 진입할 모든 후

발 주자들이 경쟁해야 할 규칙을 정의하는 '룰 메이커Rule-maker'
가 된다. 현재 ERC-3643이나 ISO 표준 등 토큰화 금융의 핵
심 규약이 전 세계적으로 합의되는 과정에 논의의 테이블에 앉
아 있는 국가만이 자국의 금융 주권을 수호하고 이익을 반영할
수 있다.

싱가포르, 홍콩, UAE가 디지털 금융 허브 지위를 놓고 각
축을 벌이는 이유는 단순히 세수 증대나 기업 유치를 위함이
아니다. 수십 년간 지속될 새로운 금융 아키텍처의 중심부에
자신들을 포지셔닝하여, 글로벌 자본 흐름의 '관제탑' 역할을
선점하기 위함이다. 이 기회의 창이 닫히는 순간, 표준 설정의
권력은 영원히 선점자들의 손으로 넘어가게 된다.

 저자의 인사이트

무행동의 대가

: 디지털 고립과 규칙 수용자로의 전락

이 변곡점에서 행동하지 않는 국가와 기관은 단순히 뒤처지는 것

이 아니라, 다음의 네 가지 치명적인 결과에 직면하게 된다.

① **수동적 규칙 수용자로의 전락**: 타인이 설계한 기술 표준과 규제 프레임워크를 그대로 받아들이며, 그 시스템을 이용할 때마다 막대한 '기술 통행료'와 수수료를 지불해야 한다.

② **시장 주도권 상실**: 네트워크 효과를 선점한 글로벌 경쟁자들의 높은 진입 장벽에 가로막혀, 자국 내 토큰화 시장의 주도권마저 해외 플랫폼에 내어주게 된다.

③ **자본과 인재의 엑소더스**: 명확한 법적 확실성과 혁신적 환경을 제공하는 나라를 찾아 국내의 자본과 핵심 인재들이 떠나는 공동화 현상을 방관하게 된다.

④ **디지털 고립**: 낡은 레거시 시스템에 안주하다가 글로벌 자본이 실시간으로 흐르는 '온체인 금융 레일'로부터 차단되는 디지털 금융의 섬으로 남게 된다.

결국 무행동은 리스크를 피하기 위한 '안전한 선택'이 아니라, 가장 확실하게 대한민국의 '경쟁적 열위'를 확정 짓는 가장 위험한 선택이다.

대한민국을 향한 질문
: 기회의 창을 포착할 준비가 되었는가

PART 2를 통해 우리는 글로벌 금융의 대전환이라는 거대한 파고를 확인했다. 토큰화는 이제 더 이상 기술적 선택의 문제가 아닌, 국가 경제의 생존과 금융 영토의 확장 여부가 직결된 생존의 문제다. 싱가포르와 홍콩이 전략적으로 질주하고, 미국과 유럽이 법적 인프라를 완비하여 거대한 금융 영토를 선점하고 있는 이 시점에서 질문은 다시 대한민국을 향한다.

세계 8위의 경제 규모와 최첨단 IT 인프라, 그리고 세계에서 가장 열정적인 투자자 층을 보유한 한국은 과연 이 기회의 창을 포착할 준비가 되었는가? 현재 글로벌 시장에서 형성되고 있는 기술적·제도적 표준과 한국의 현실 사이에는 얼마나 큰 간극이 존재하는가? 그리고 그 간극을 메우기 위해 우리는 어떤 실천적 결단을 내려야 하는가?

이제 이 책의 PART 3에서는 한국 토큰화 시장의 냉혹한 현실을 해부하고자 한다. 파편화된 규제와 조각난 법체계라는 장애물을 넘어, 대한민국이 글로벌 경쟁에서 승리하기 위한 독창적인 'K-전략'의 필요성을 논의할 것이다. 이 기회의 창이 닫히기 전, 우리가 내리는 응답이 바로 대한민국의 미래 금융 영토를 결정짓게 될 것이다.

한국 금융의 현재와 도전

한국의 규제 지도
조각난 법체계와 토큰화 논의의 현실

한국형 토큰화의 진정한 난관
: 구조적 불협화음

글로벌 시장이 3,310억 달러라는 거대한 파고를 일으키며 전진하는 동안, 한국의 토큰화 논의는 마치 안개 속을 걷는 듯한 정체 국면에 머물러 있다는 평가를 받는다. 그러나 이를 단순히 정책 당국의 보수성이나 기술 이해도 부족으로 치부하는 것은 단편적인 시각이다. 한국의 토큰화가 직면한 진정한 난관은 규제의 세기가 아니라, 서로 다른 철학을 가진 법률들이 하나의 현상을 두고 제각기 다른 목소리를 내는 '구조적 불협화음'에 있다.

본 장에서는 한국 토큰화 시장을 규율하는 세 가지 핵심 법률의 충돌 지점을 분석하고, 감독기관 간의 분절된 관할권이 어떻게 행정적 병목 현상을 야기하는지 정밀하게 해부한다. 한국의 규제 지형은 단순한 통제의 수단이 아니라, 지난 수십 년간 쌓아온 금융 안정성의 유산이자 동시에 미래로 나아가는 길목을 가로막는 거대한 관성이다. 이 관성을 이해하지 못하고서는 한국 시장에서의 어떤 혁신도 '실행 가능한 모델'로 안착할 수 없다.

법률의 삼각 편대
: 하나의 현상, 세 개의 서로 다른 시선

한국에서 토큰화 비즈니스를 타진하는 글로벌 기업이나 국내 혁신가들이 마주하는 첫 번째 벽은 규제가 하나의 통합된 논리로 설계되어 있지 않다는 '분절성'이다. 한국의 규제 체계는 자본시장법, 전자증권법, 특정금융정보법(특금법)이라는 세 가지 법적 프레임워크가 각자의 철학에 따라 토큰화 현상을 파편적으로 포착하고 있다.

첫째, 자본시장법은 "이 토큰의 경제적 실질은 무엇인가?"를 묻는다. 이는 토큰화 사업이 제도권 내에서 논의되기 위해 반드시 통과해야 할 가장 높고 강력한 문턱이다. 이 법은 기술적 형식이 아닌 '경제적 실질'을 우선하며, 어떤 토큰이 투자자에게 금전적 수익에 대한 기대를 부여한다면 그 형식을 불문하고 '증권'으로 간주한다. 이러한 실질주의는 강력한 규제 필터로 작동하지만, 동시에 역설적인 공백을 만든다. 토큰이 증권으로 판단되는 순간, 발행·유통·보관·공시는 기존 자본시장 인프라를 따라야 하는데, 현재의 레거시 인프라는 토큰화가 가진 실시간성이나 프로그래머블Programmable한 속성을 수용할 수 없도록 설계되어 있기 때문이다. 결국 "증권이지만, 토큰처럼 거래할 수는 없는" 모순적 상황이 연출된다.

둘째, 전자증권법은 "누가, 어떻게 기록할 것인가?"에 집중한다. 이 법의 관점에서 토큰은 새로운 자산이라기보다 기존 권리를 표현하는 '새로운 장부 기재 방식'에 가깝다. 한국예탁결제원을 중심으로 한 중앙집중형 체계를 유지하면서 분산원장 기술을 절충적으로 수용하려다 보니, 토큰은 전자증권 장부에 기재되는 하나의 표현 방식으로 취급된다. 이러한 구조는 제도적 안정성을 담보하는 데는 효과적일지 모르나, 실시간 정산과 자동화된 권리 이전이라는 토큰화의 핵심 가치를 발휘하지 못하게 만든다. 기술은 분산되어 있으나 법적 기록은 중앙에 묶여 있는 '기술과 법의 비대칭'이 발생하는 지점이다.

셋째, 특정금융정보법(특금법)은 "자금의 흐름이 투명한가?"라는 위험 관리의 논리로 접근한다. 특금법은 상품의 본질보다는 "누가 중개하며, 이 자금이 세탁의 통로가 되는가"에 집중한다. 가상자산사업자VASP로 분류되는 순간 엄격한 AML/KYC 의무가 부과되는데, 이 규제가 앞선 두 법률상의 판단과 유기적으로 연결되지 않아 사업자는 투자상품 규제, 인프라 규제, 자금세탁 규제를 각각 별도로 설계해야 하는 비효율에 직

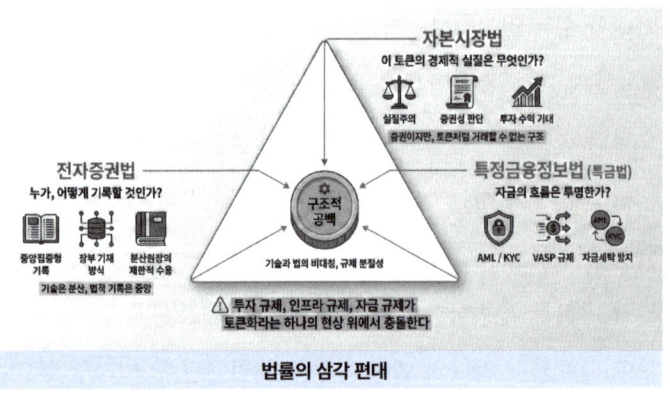

법률의 삼각 편대

면한다. 이 세 법이 만나는 지점에서 발생하는 구조적 공백이야말로 한국 시장의 가장 큰 난제다.

감독기관 간 관할의 분절성과 행정적 병목 현상

법률이 쪼개져 있으니 감독기관의 관할권 역시 파편화될 수밖에 없다. 한국의 토큰화 규제는 단일한 컨트롤 타워가 아니라 기능별로 나뉜 여러 기관의 중첩된 감시 속에서 작동한다. 금융위원회, 금융감독원, FIU, 한국은행, 그리고 기술 진흥을 맡은 과기정통부까지 각 기관은 오직 자신의 관할 범위 내에서만 판단을 내린다.

이로 인해 발생하는 가장 치명적인 병목은 사업 전체를 놓고 통합적으로 판단해 줄 주체가 없다는 점이다. 각 기관의 개별 판단을 병렬적으로 수집해야 하는 사업자는 그들 사이에 충돌이 없기를 기도해야 하는 불확실성의 늪에 빠진다. 특히 "제도상 명확하지 않다"는 식의 중립적 답변은 자본 확충이 시급한 스타트업이나 리스크에 민감한 금융기관에게 사실상 사업 중단 선언과 다름없다. 규제 샌드박스 역시 '예외'만을 허용할 뿐 상시적인 '규칙'을 만들어 주지 못해, 한국의 토큰화 실험은 반복되지만 축적되지 못한 채 개별 사례로 고립되고 있다.

글로벌 규제 모델과의 비교
: 한국의 좌표와 전략적 지향점

한국의 토큰화 규제가 지나치게 경직되어 있다는 시장의 평가는 대개 주요 금융 선진국들과의 비교에서 기인한다. 동일한 사업 모델이 해외에서는 혁신적인 실험으로 환영받는 반면, 국내에서는 시작도 하기 전에 제도적 불확실성의 벽에 부딪히기 때문이다. 그러나 이러한 차이는 단순히 규제의 '강도' 문제가 아니라, 토큰화라는 현상을 바라보는 각국의 관점과 규제 형성 방식의 근본적인 차이에서 비롯된다.

미국은 단일 입법 체계보다는 행정기관의 집행과 사법부의 판단이 반복적으로 축적되며 규제의 윤곽이 형성되는 '사법 집행형 모델'을 취한다. 반면 유럽연합은 '표준 선점형 모델'로서 MiCA 규제를 통해 디지털 자산 전반에 대한 단일 법체계를 구축해 법적 명확성을 확보했다. 싱가포르와 홍콩은 당국이 직접 파일럿을 주도하는 '접근 설계형 모델'을 보여준다. 이들과 비교할 때 한국은 명확히 '안정성 우선 모델'로 분류된다. 이는 한국이 뒤처졌음을 뜻하는 것이 아니라, 기술과 권리, 결제 인프라가 동시에 재구성되는 토큰화의 속성을 한국의 단계별 분리 감독 체계가 아직 완전히 수용하지 못하고 있음을 시사한다.

한국이 '복합 규제 국가'가 된 역사적 배경
: 신뢰의 유산과 굴레

한국의 금융 규제 구조는 결코 우연의 산물이 아니다. 1997년 외환위기와 2008년 글로벌 금융위기를 거치며 한국은 "사후 대응보다 사전 구조 통제"를 핵심 철학으로 삼게 되었다. 이러한 '위기 대응형 규제 국가'로서의 역사는 현재 토큰화 논의를 지배하는 보수적 안정성 시각의 근간이 되었다.

한국 금융 인프라의 심장에는 예탁결제원을 중심으로 한 강력한 중앙집중형 장부 체계가 자리 잡고 있다. 이 구조는 거래 안정성 면에서 세계 최고 수준을 달성했으나, 이 성공의 기억은 역설적으로 분산원장이라는 새로운 기술이 기존 질서를 대체하는 것에 대한 본능적인 저항감을 갖게 만들었다. 결국 기술 혁신을 대하는 한국 규제의 기본 태도는 "기존 질서를 보완하는 형태일 때만 수용한다"는 원칙으로 귀결된다. 하지만 토큰화는 단순한 보완이 아니라 구조 자체를 재구성하려는 시도이기에, 여기서 발생하는 패러다임의 충돌은 피할 수 없는 과제다.

2025년 말 현재, 제도 개선의 명암과 남겨진 과제

2025년 말 현재 한국의 제도는 영역별로 속도 차를 보이는 '점진적 융합'의 양상을 띤다. 가장 구체적인 진전을 보인 토큰증권STO은 현재 "전자증권 제도의 확장된 구현 방식"으로 자리 잡고 있다. 분산원장 기술을 법적 테두리 안으로 끌어들였다는 점은 고무적이지만, 여전히 발행 논의에 치중되어 있고 유통시장에 대한 설계는 공백으로 남아 있다.

또한, 많은 프로젝트들이 '회계 및 세무'라는 현실적인 벽에 부딪혀 멈춰 서고 있다. 토큰이 자산인지, 부채인지 명확하지 않은 상태에서는 기관의 재무제표 반영이 불가능하기 때문이다. 과세 시점과 평가 방식의 불확실성은 금융기관의 대규모 참여를 차단하는 결정적 장애물로 작동하고 있다. 이러한 사후처리 인프라의 부재는 한국 토큰화 시장이 개인 중심의 소규모 실험에 머물게 만드는 주요 원인이다.

한국형 토큰화,
'규제의 벽'을 '신뢰의 옹벽'으로 바꾸는 역발상

한국의 강력하고 복합적인 규제 체계는 분명 혁신의 장애물이지만, 관점을 전환하면 이는 가상자산 시장의 고질적 난제인 '신뢰 부족'을 해결할 수 있는 무기가 된다. 글로벌 시장이 자산의 집중 위험과 운영 리스크로 골머리를 앓고 있는 지금, 한국이 제도권의 엄격한 통제 아래 토큰화 인프라를 완성한다면 그 자체로 세계에서 가장 안전한 '디지털 금융의 성지'로 거듭날 수 있다.

우리가 지향해야 할 목표는 규제 없는 자유 시장이 아니라, '규제가 기술적으로 자동화된 시장'이다. 법률적 요건을 스마트 컨트랙트에 미리 내재화하고, 당국이 실시간 데이터 레이어를 통해 모니터링할 수 있는 체계를 갖춘다면 한국의 복합 규제는 오히려 글로벌 자본을 유인하는 최고의 신뢰 지표가 될 것이다. 이제는 조각난 법체계를 탓하기보다, 그 파편들을 하나로 이어 붙여 미래 금융의 운영체제를 선제적으로 설계하는 전략적 결단이 필요하다.

한국형 토큰화 전략이 요구하는 새로운 설계의 원칙

한국에서 토큰화가 어려운 진짜 이유는 정책적 의지가 부족해서가 아니라, 규제 구조 자체가 본질적으로 복합적이고 견고하기 때문이다. 한국의 토큰화는 "금지되어 있지는 않지만, 상세히 설계되어 있지도 않은" 과도기적 진공 상태에 놓여 있다.

이제 우리에게 필요한 것은 규제 완화라는 단순한 구호가 아니다. 각 법률과 기관의 경계를 이해하고 그 사이를 연결하는 '정교한 아키텍처 설계Architecting'가 선행되어야 한다. 한국형 토큰화 모델은 반드시 복합 규제 구조를 전제로 설계되어야 하며, 이는 비록 속도는 느릴지라도 일단 안착하면 세계 최고 수준의 신뢰를 확보할 수 있는 한국만의 경쟁력이 될 것이다. 이제 질문은 가능 여부를 넘어, 어떤 자산부터 어떤 방식으로 이 견고한 지도 위에서 시작할 것인가로 이동해야 한다.

Chapter
10

자산별 토큰화의
가능성과 제약
기술보다 자산의 본질이 우선이다

기술 만능주의를 넘어 자산의 실질로

한국 시장에서 가상자산 토큰화의 미래를 논할 때 흔히 빠지는 함정은 "어떤 블록체인이 기술적으로 우월한가"라는 공학적 접근이다. 초당 거래 처리 속도TPS나 합의 알고리즘의 우수성을 따지는 것은 혁신의 단면일 뿐이다. 실무적 관점에서 토큰화의 성패를 가르는 결정적 변수는 기술이 아니라, 그 토큰이 담아내는 '기초 자산의 본질적 성격'이다.

동일한 분산원장 기술을 적용하더라도 국채와 부동산, 그리고 매출채권은 각기 다른 규제의 중력과 실무적 저항에 직면한다. 자산마다 수십 년간 쌓여온 법적 권리 체계와 시장 관행이 다르기 때문이다. 본 장에서는 한국의 독특한 제도적 환경을 바탕으로 자산별 토큰화 적합성을 판단하는 네 가지 전략 프레임워크를 제시한다. 또한, 왜 가장 안전하고 표준화된 자산이 오히려 토큰화의 물결 속에서는 가장 늦게 움직이는지에 대한 '표준 자산의 역설'을 고찰하며, 한국형 토큰화가 나아가야 할 실천적 로드맵을 그려보고자 한다.

한국형 토큰화 가능성을 가르는 4대 전략 기준

자산의 토큰화 적합성을 판단하기 위해서는 단순한 기술적 체크리스트를 넘어, 한국의 법체계와 금융 관행이 해당 자산을 어떻게 취급하는지 입체적으로 이해해야 한다.

- **권리 구조의 명확성**: 토큰화의 대전제는 '권리의 정형화'다. 채권처럼 채권자-채무자 관계와 원리금 흐름이 법적으로 명확히 정의된 자산은 코드로 번역하기 용이하다.

반면 복합적인 조건부 권리가 얽힌 자산은 토큰이 대표하는 권리 범위를 특정하기 어렵다. 한국 시장에서 많은 시도가 좌초되는 이유는 기술적 결함이 아니라, 토큰은 존재하되 법적으로 무엇인지 증명하지 못하는 '법적 정체성의 불분명함'에 기인한다.

- **운영 개입의 복잡성**: 토큰화의 본질은 자동화Automation에 있다. 수익 창출 과정에서 인간의 주관적 판단이나 물리적 관리(예: 부동산 유지보수, 임대차 관리)가 빈번하게 개입될수록 토큰화의 효율은 급락한다. 토큰화는 운영 리스크를 제거하는 마법이 아니라, 이미 발생한 운영 결과를 정교하게 분배하는 도구다. 따라서 운영 개입이 큰 자산일수록 토큰화는 단순한 '권리 표시'의 수단에 머물게 되며, 이는 진정한 온체인 혁신과는 거리가 멀어진다.

- **인프라 접속 가능성**: 한국은 세계 최고 수준의 지급결제 및 정산 인프라를 보유하고 있다. 이는 토큰화에게 기회이자 위협이다. 토큰화된 자산의 현금 흐름이 기존 은행 시스템 및 회계 처리 방식과 단절되어 있다면, 시장은 그 불편함을 감수하지 않는다. 기존 인프라와의 '상호운용성'은 선택이 아닌 생존의 문제이며, 기존 금융 레일과의

접점을 얼마나 매끄럽게 설계하느냐가 핵심이다.

- **사후 관리 인프라의 완비**: 기술과 규제가 문을 열어줘도 회계 처리 기준과 세무 지침이 부재하면 기관 투자자는 단 한 발짝도 움직이지 않는다. 자산의 평가 손익을 재무 제표에 어떻게 반영할지, 과세 시점이 취득 시점인지 수익 분배 시점인지에 대한 확신이 없다면 토큰화는 영원히 '실험실의 장난감'으로 남을 뿐이다.

표준 자산의 역설
: 국채 · MMF · 예금은 왜 더 느리게 움직이는가

토큰화 논의에서 가장 먼저 거론되는 국채와 예금은 역설적으로 한국에서 가장 토큰화가 어려운 자산군이다. 이들은 금융 시스템의 '심장부'에 위치해 있어, 작은 변화도 전체 시스템 리스크로 전이될 수 있기 때문이다.

- **국채 토큰화**: 기술보다 제도가 우선인 영역이다. 국채는 표준화된 만기와 확정된 흐름을 가진, 기술적으로는 가장 완벽한 토큰화 대상이다. 그러나 한국에서 국채는 국

가 재정과 통화 정책의 근간이다. 기획재정부, 한국은행, 예탁결제원이 정교하게 맞물린 현행 장부 체계를 토큰화한다는 것은 국가 신용 관리 방식을 근본적으로 재설계하는 고도의 정치적 결단을 요구한다. 따라서 민간의 시장 실험보다는 공공 주도의 제한적 파일럿(CBDC 연계 등)에 머물 수밖에 없는 한계를 지닌다.

- **MMF 토큰화**: 자산과 상품의 경계에서 길을 잃기 쉽다. 기초 자산의 안정성에도 불구하고, 자본시장법상 집합투자상품 규제와 정면으로 충돌한다. 실시간 거래와 소액 분할이라는 토큰의 강점이 기존 MMF의 운용 및 투자자 보호 장치와 어떻게 조화를 이룰 것인지에 대한 답을 찾는 과정에서, 제도는 혁신보다는 '보수적 안정'을 선택하고 있다.

- **예금 토큰화**: 가장 민감한 통화 시스템의 문제다. 은행 예금은 단순한 상품이 아니라 지급결제 시스템의 핵심이다. 한국에서 예금 토큰화는 민간 혁신이 아닌 '한국은행 주도의 인프라 연구(CBDC 활용사례)'로 다루어진다. 이는 예금을 블록체인에 표현하되, 그 법적 성격과 예금자 보호 체계는 견고하게 유지하려는 하이브리드 접근을 의

미한다.

저자의 인사이트

표준 자산 토큰화,
'속도'보다 '신뢰의 계승'이 우선이다

국채와 예금 같은 표준 자산의 토큰화에서 우리가 경계해야 할 것은 무분별한 속도전이다. 이 자산들은 한국 금융의 신뢰를 지탱하는 최후의 보루다. 기술적 효율성을 위해 기존 시스템의 법적 확정성과 안정성을 희생한다면, 그것은 혁신이 아니라 시스템의 약화다.

표준 자산의 토큰화는 '기존 장부의 폐기'가 아니라 '기존 장부의 디지털 확장'으로 정의되어야 한다. 중앙집중형 장부가 가진 신뢰의 유산을 분산원장이라는 새로운 그릇에 어떻게 안전하게 옮겨 담을 것인가가 핵심이다. 이 영역에서의 성공은 민간의 창의성보다는 당국과 주요 기관의 정교한 설계와 합의에서 비롯될 것이며, 이는 한국 금융 전체가 디지털로 이주하기 위한 가장 견고한 베이스캠프를 구축하는 작업이 될 것이다.

비표준 자산의 역동성
: 부동산 · 매출채권 · IP가 먼저 움직이는 이유

전통 자산이 제도의 성벽과 국가 시스템의 신중함에 막혀 있는 동안, 부동산, 매출채권, 지식재산권IP과 같은 비표준 자산군은 토큰화 논의의 전면에 서서 시장을 흔들고 있다. 이들은 기존 금융 시스템이 가장 비효율적이었거나 접근 문턱이 높았던 영역이기에, 토큰화가 가져다주는 유동성 공급과 거래 비용 절감의 효과가 가장 극적으로 체감되는 지점이다.

- **부동산 토큰화**: 고가의 자산을 소액으로 나누어 일반 투자자에게 유동성을 부여한다는 매력적인 개념을 제안한다. 하지만 한국 시장에서는 즉각적으로 자본시장법의 중력권으로 진입한다. 수익 배분 구조를 갖는 순간 투자계약증권으로 분류되어 엄격한 집합투자 규제를 받기 때문이다. 또한, 국가가 관리하는 '등기부'라는 강력한 공적 장부와의 실시간 연동이 아직 불가능해, 현재의 부동산 토큰화는 법적 권리 이전과 기술적 전송이 분리된 '불완전한 이중 장부'의 형태로 전개되고 있다.

- **매출채권 토큰화**: 실무적 완성도가 성패를 가르는 영역이다. 이미 팩토링 시장이 형성되어 있어 권리 구조가 비교적 명확하며, 토큰화는 중개 비용 절감과 자동화를 통해 중소기업 자금 조달에 혁신을 가져온다. 다만 이중 양도 방지나 채무자 대항요건 확보 등 전통적인 민법상 쟁점을 스마트 컨트랙트 내에서 어떻게 기술적으로 완결하느냐가 숙제로 남아 있다.

- **IP(지식재산권) 토큰화**: 저작권과 특허권 등 무형 자산을 다루며 큰 기대를 모으지만, 수익 구조의 복잡성과 가치 평가의 불확실성으로 인해 여전히 민간 주도의 파편화된 실험 단계에 머물러 있다.

스테이블코인
: 자산 토큰화를 넘어선 인프라 주권의 문제

한국에서 스테이블코인은 단순한 자산 토큰화를 넘어 통화 및 지급결제 인프라의 근간을 흔드는 주권의 문제로 다루어진다. 정책 당국은 스테이블코인이 투자자에게 주는 편익보다, 은행의 예금 이탈을 유발하거나 국가 통화 정책의 통제권을 우회할 가능성을 훨씬 더 경계한다.

이에 따라 한국형 모델에서는 민간 주도의 스테이블코인보다 '토큰화된 예금Tokenized Deposits'에 더 큰 무게 중심을 둔다. 토큰 예금은 은행의 부채로서 기존 예금자 보호 체계 내에 존재하며 중앙은행의 통화 정책 통제권 아래 놓이기 때문이다. 반면 민간 스테이블코인은 제도적 안전망 바깥에 존재하며 시스템 리스크의 뇌관이 될 수 있다는 시각이 지배적이다. 한국은행의 시각에서 스테이블코인 규율은 CBDC 도입을 위해 반드시 선행되어야 할 환경 정비 작업이며, 공공 디지털 화폐와 민간 지급 수단 사이의 경계를 명확히 획정하는 것이 한국 디지털 금융 질서 정립의 첫 단추가 될 것이다.

 저자의 인사이트

비표준 자산의 토큰화, '규제 해석'이 아닌 '구조 설계'의 승리

비표준 자산군에서 토큰화의 성공은 규제를 피하는 요령이 아니라, 기존 법률의 까다로운 요구 사항을 블록체인 구조 내에서 어떻게 기술적으로 완벽히 구현할 것인가에 달려 있다. 부동산 토큰화가 등기 제도를 넘지 못하고 매출채권 토큰화가 법적 대항 요건에 막히는 것은 기술의 한계가 아니라 '법률적 설계'의 부족이다.

미래의 승자는 단순히 자산을 토큰에 담는 자가 아니라, '법적 권리를 기술적 코드로 완벽하게 번역해내는 설계자'가 될 것이다. 규제를 넘어야 할 장애물로 보지 않고 설계를 위해 반드시 입력해야 할 필수 데이터로 수용할 때, 비로소 비표준 자산은 한국 시장의 새로운 유동성 공급원으로 자리 잡게 될 것이다.

자산별 특성이 그리는 한국 토큰화의 로드맵

본 장을 관통하는 메시지는 자명하다. 한국에서 토큰화는 가능 여부의 이분법적 논의가 아니라, 자산의 법적 실질과 금융 시스템 내의 위치에 따라 '순차적으로 수용'되는 긴 여정이다.

국채와 예금 같은 표준 자산은 기존 시스템과의 신뢰 기반 융합을 시험하는 기준점이 될 것이며, 부동산과 매출채권 같은 비표준 자산은 구조 설계의 혁신을 통해 시장의 실질적 효용을 증명하는 선두 주자가 될 것이다. 그리고 스테이블코인은 이 모든 자산이 온체인 상에서 흐를 수 있게 만드는 '인프라의 레일' 역할을 하게 될 것이다. 이제 시선은 이러한 자산별 지형도 위에서 실제로 칼자루를 쥐고 움직일 주체들에게로 향한다. 다음 장에서는 한국 시장의 각 플레이어―은행, 증권사, 신탁사, 핀테크―가 이 거대한 설계 속에서 어떤 역할을 부여받게 되는지를 정밀하게 분석하고자 한다.

한국 시장
플레이어 지도
누가 토큰화를 실제로 움직이는가

토큰화 상업화의 지체
: 설계되지 않은 책임의 주체

한국에서 가상자산 토큰화 담론이 수년간 반복되었음에도 대규모 상업화가 지체되는 원인을 단순히 '수요 부족'이나 '기술 미숙'으로 돌리는 것은 본질을 놓치는 시각이다. 보다 근본적인 원인은 토큰화를 실제로 운용할 주체가 누구인지, 그리고 그 주체가 어떤 방식으로 법적·운영적 책임을 부담할 것인지에 대한 '제도적 책임 설계'가 정립되지 않았기 때문이다.

글로벌 토큰화는 발행, 유통, 보관, 결제를 하나의 디지털 흐름으로 통합하여 효율을 극대화하려는 혁신인 반면, 한국의 금융 규제는 리스크 전이 방지를 위해 기능을 철저히 분리하고 책임을 파편화하는 방향으로 발전해 왔다. 이러한 '통합의 기술'과 '분리의 제도' 사이의 전면적 충돌이 한국 시장의 시계를 멈춰 세우고 있다. 이번 장에서는 이러한 제도적 긴장 관계 속에서 은행, 증권사, 신탁사, 핀테크 등 각 플레이어가 가진 역할과 한계를 입체적으로 조명하며, 한국형 토큰화의 실질적인 권력 지도를 파헤친다.

은행
: 기존 금융 질서의 경계선을 설정하는 파수꾼

은행은 한국 토큰화 논의에서 가장 강력한 자본력과 신뢰를 보유하고 있지만, 동시에 가장 보수적인 태도를 견지하는 주체다. 흔히 은행이 토큰화의 선도 주자가 될 것으로 기대하지만, 실제 은행은 혁신의 전면에 나서기보다 기존 금융 질서의 안정성을 수호하는 '경계 설정자Gatekeeper'의 역할에 충실하다.

한국 금융 시스템에서 은행은 단순한 영리 사업자가 아니다. 통화의 유통 경로를 관리하고 지급결제의 최종 안정성을 책임지는 공공적 성격의 중추다. 따라서 한국 토큰화의 '실질적 허용 범위'는 은행이 감당할 수 있는 리스크의 임계점과 일치한다. 은행이 수행하는 토큰화는 대개 '기능의 이식'에 국한된다. 대표적 사례인 '토큰 예금'은 예금자 보호라는 법적 지위를 유지한 채 기술적 표현 방식만 블록체인으로 바꾼 것이다.

이는 은행에 있어 토큰화가 새로운 시장 창출이 아닌 '기존 인프라의 디지털 확장'임을 의미한다. 또한 은행은 토큰화 실험의 실패가 시스템 리스크로 전이되는 것을 극도로 경계하며, 기관 간 거래Wholesale나 폐쇄형 네트워크 중심의 실험을 선호하는 속도 조절 전략을 취하고 있다. 결국 은행은 토큰화라는 파도가 기존 금융의 제방을 넘지 않도록 관리하는 파수꾼인 셈이다.

증권사
: 자산 토큰화를 제도권으로 편입시키는 차체^Chassis

증권사는 한국 가상자산 토큰화 논의에서 가장 역동적인 실행자로 불리지만, 그 본질은 혁신의 엔진보다는 제도를 통해 구조를 안착시키는 '차체^Chassis'에 가깝다. 부동산, 매출채권, IP 등 다양한 비표준 자산이 토큰화 논의에 진입하는 순간 증권사의 영역으로 강제 이동하는 이유는, 한국에서 자산 토큰화의 유일한 합법적 경로가 '증권적 구조화'뿐이기 때문이다.

증권사는 자본시장법상의 발행부터 인수, 판매, 공시에 이르는 전 과정을 담당하며 토큰화 자산을 제도권으로 편입시키는 강력한 필터 역할을 수행한다. 하지만 증권사는 투자자 손실에 대해 직접적인 제도적·평판적 책임을 지기 때문에 실시간으로 변하는 실험적 모델을 빠르게 반복하기 어렵다.

스스로 모든 기술을 연주하기보다 연주가 성립하기 위한 법적 조건을 관리하는 '지휘자'로서, 핀테크 플랫폼과의 협업 속에서도 책임의 중심 지위와 수수료 주도권을 결코 포기하지 않는다. 결과적으로 증권사 주도의 토큰화는 스타트업식의 파괴적 혁신보다는 기존 자본시장 인프라 위에 덧입혀지는 '점진적 현대화'의 형태를 띠게 된다.

신탁·수탁기관
: 권리와 위험을 격리하는 신뢰의 앵커Anchor

신탁·수탁기관은 한국 토큰화 구조에서 단순한 보조자가 아니라 구조적 작동을 가능케 하는 핵심 장치다. 은행이 질서를 세우고 증권사가 상품을 만든다면, 신탁사는 그 구조가 법적·위험 관리 측면에서 무너지지 않도록 지탱하는 역할을 한다.

신탁의 핵심 기능은 자산을 신탁재산으로 편입시켜 발행자나 플랫폼의 파산 위험으로부터 분리하는 '위험 격리Bankruptcy Remoteness'다. 이는 토큰 보유자의 경제적 권리를 보호하는 가장 강력한 법적 수단이다. 단순히 프라이빗 키를 보관하는 기술적 커스터디를 넘어, 신탁은 "위험을 통제하지 않은 혁신은 허용하지 않는다"는 한국 금융의 대원칙을 충족시키기 위해 호출되는 필수적인 안전장치로 기능한다. 결국 신탁사가 존재하지 않는 한국의 토큰화 모델은 제도권 내에서 '법적 확정성'이라는 최종 승인을 받기 어렵다.

핀테크와 VASP

: 혁신의 촉매인가, 주변부의 방관자인가

핀테크와 가상자산사업자^{VASP}는 블록체인에 대한 깊은 이해도를 바탕으로 가장 창의적인 에너지를 뿜어내지만, 한국의 '제도적 분절'이라는 벽 앞에서 한계를 맞이하고 있다. 핀테크는 금융기관이 아닌 '기술 제공자'로 분류되어 고객 자금을 직접 운용하거나 자산을 발행할 권한이 없다. 이들은 혁신의 불씨를 제공하는 촉매 역할을 수행하지만, 제도적 책임이라는 무게를 견딜 인허가 요건이 부족해 상업화 단계에서는 대형 금융기관의 단순 용역자로 축소되곤 한다.

가상자산사업자^{VASP} 역시 선구적 실행력을 가졌음에도 '금가분리(금융과 가상자산의 분리)' 원칙에 따라 제도권 금융의 주변부로 밀려나 있다. 이들은 기술적으로는 가장 앞서 있으나, 제도적으로는 가장 취약한 위치에 놓여 있다. 결국 한국형 토큰화의 진정한 도약은 이들이 가진 기술적 활력이 어떻게 제도권 금융의 '책임 구조'와 유기적으로 결합하느냐에 달려 있다. 기술이 주인

이 되지 못하고 제도의 보조 수단에 머무는 현재의 구조는 혁신
의 동력을 약화시키는 결정적 요인이다.

빅테크와 금융권의 인수 경쟁
: 관리와 확장의 충돌

최근 VASP를 둘러싼 인수 및 지분 참여 논의는 한국 토큰
화 시장이 새로운 재배치 과정에 있음을 시사한다. 흥미로운
점은 금융권과 빅테크가 동일한 대상을 두고도 전혀 다른 전략
적 계산기를 두드리고 있다는 사실이다.

금융권은 본체와 위험을 분리한 상태에서 가상자산 시장
에 대한 접근성을 선점하고, 신규 인프라가 기존 질서에 미치
는 영향을 통제하려는 '관리 전략'에 집중한다. 반면 빅테크는
결제, 콘텐츠, 데이터 생태계와 결합될 수 있는 '플랫폼 확장'의
관점에서 접근한다. 이들은 토큰화를 통해 기존 금융이 도달
하지 못한 파편화된 시장을 통합하고, 자신들의 플랫폼 내에서
가치가 무한히 순환하는 '닫힌 생태계'를 강화하려 한다. 이러
한 동기의 차이는 향후 한국 토큰화 시장이 기존 금융의 연장
선이 될 것인가, 아니면 거대 플랫폼 중심의 새로운 경제 생태

계가 될 것인가를 결정짓는 전장이 될 것이다.

한국형 토큰화의 권력 분점과
통합 아키텍처의 필요성

한국 시장의 지도는 어느 한 주체가 독점할 수 없는 '전략적 권력 분점'의 구조를 띠고 있다. 증권사가 발행을 주도하고 은행이 신뢰의 기준선을 긋고 있다면, 신탁사는 그 사이에서 위험을 격리하는 장치로 작동한다. 핀테크와 VASP는 이 견고한 금융의 성벽 안팎에서 기술적 활력을 불어넣고 있지만, 제도적 책임이라는 최종 관문을 넘지 못한 채 주변부를 맴돌고 있다.

이러한 주체 간의 역할 분절은 결국 시장에 '인프라가 부재한 반복적 실험'이라는 사회적 비용을 전가하고 있다. 각 플레이어가 자신의 위치에 맞는 최적의 역할을 수행하기 위해서는, 이제 파편화된 기능을 하나의 가치사슬로 묶어줄 수 있는 '통합 아키텍처Integrated Architecture'가 절실하다. 개별 기관의 이익을 넘어 국가적 차원의 금융 운영체제를 설계하는 안목이 필요한 시점이다.

Chapter 12
한국에서 반복되는 실패의 이유
실험은 있었으나 인프라는 없었다

피상적 진단을 넘어선 구조적 해부

한국의 가상자산 토큰화 시도는 흔히 "당국이 너무 보수적이었다"거나 "과도한 규제가 혁신을 가로막았다"는 식의 감상적인 비평으로 요약되곤 한다. 그러나 이러한 진단은 문제의 본질을 비켜간 피상적인 평가에 불과하다. 지난 수년간 한국의 토큰화가 마주한 정체는 혁신가들의 의지 부족 때문이 아니라, 현행 금융 시스템이 지향하는 보수적 설계가 낳은 구조적 귀결이었다.

본 장에서 다루는 실패는 특정 프로젝트의 우발적인 고사枯死가 아니다. 이는 동일한 유형의 장벽에 부딪히고, 동일한 지점에서 동력을 상실하며, 결국 동일한 방식으로 해체되는 일련의 구조적 현상이다. 한국의 법제, 감독 체계, 그리고 시장 구조가 결합하여 만들어낸 필연적인 결과에 가깝다. 왜 한국은 세계 최고 수준의 기술력과 최첨단 IT 인프라를 가지고도 '인프라로서의 토큰화'에 도달하지 못했는가? 그 실패의 유전자를 정밀하게 해부한다.

법률 구조의 실패
: 기술적 전송과 법적 권리의 비동조화

토큰화의 이상향은 권리의 이전과 기술적 전송이 단일 흐름Single Stream 내에서 실시간으로 완결되는 것이다. 그러나 한국의 법률적 현실은 이 '동기화'를 원천적으로 차단해 왔다. 가장 큰 원인은 기술적 이전과 법적 이전의 비동조Asynchrony에 있다.

한국에서 반복된 실패의 핵심은 블록체인 상에서 토큰의 주인이 바뀌더라도, 그것이 실질적인 법적 효력을 갖지 못했다는 점이다. 온체인에서 토큰은 빛의 속도로 전송되었으나, 민법과 상법이 요구하는 등기, 대항요건, 채권양도 통지와 같은 명확한 형식 요건은 여전히 오프체인의 아날로그 장부와 대면 절차에 묶여 있었다. 많은 프로젝트가 이 간극을 기술적으로 메울 수 있다고 낙관했으나, 법적 확정성이 보장되지 않는 자산에 기관의 대규모 자본이 유입될 리 없었다.

또한, "이 토큰이 정확히 무엇을 대표하는가"라는 근본적 질문에 대한 법적 정의가 부재했다. 자산의 수익권, 채권적 청구권, 혹은 단순한 기대 이익이 정교하게 구분되지 않은 채 유통되었고, 이는 구조 내부에 시한폭탄과 같은 분쟁 가능성을 내포하게 되었다. 결국 법률 구조가 기술의 속도를 뒷받침하지 못하면서, 토큰은 집행 가능성을 확보하지 못한 채 기술적 시연 수준에서 사장되고 말았다.

감독 목적의 충돌과 샌드박스의 고립

가상자산 토큰화는 단일한 감독 목적에 포섭될 수 없는 복합적 성격을 지닌다. 그러나 한국의 감독 체계는 이 복합성을 통합적으로 다룰 '컨트롤 타워'를 갖추지 못했다. 금융위원회는 투자자 보호를, 금융감독원은 검사 가능성을, 한국은행은 결제 안정성을, FIU는 자금세탁 방지를 각각 최우선 순위에 두었으나, 이 개별 목표들이 하나의 토큰화 구조 내에서 조화롭게 충족되기는 지극히 어려웠다. 특정 기관으로부터 긍정적인 평가를 얻더라도, 다른 기관이 단 하나의 리스크를 지적하는 순간 사업 전체가 정지되는 '부분 허용의 함정'이 반복되었다.

이러한 상황에서 규제 샌드박스는 유일한 돌파구로 여겨졌으나, 역설적으로 이는 실험을 특정 구역에 가두는 '고립된 섬'을 만들었다. 샌드박스는 한시적 특례일 뿐 상업화를 위한 보편적 제도가 아니다. 많은 프로젝트가 특례 기간 동안 기술적 가능성은 입증했으나, 기간 종료 후 제도권의 '정상 흐름'으로 진입할 로드맵을 찾지 못해 소멸했다. 이러한 개별 프로젝트 중심의 실험은 성과가 보편적인 제도로 축적되지 못하게 방해했고, 후발 주자들이 동일한 시행착오를 반복하는 국가적 차원의 비효율을 낳았다.

저자의 인사이트

실패의 본질

: '기술 프로젝트'와 '제도 프로젝트'의 오판

한국 토큰화 실패의 가장 큰 원인은 토큰화를 '멋진 기술을 도입하는 프로젝트'로만 오판했다는 점에 있다. 토큰화는 기술 프로젝트가 아니라, 법률·회계·감독 체계를 통째로 재설계해야 하는 '국가적 제도 설계 프로젝트'다.

기술은 이미 준비되어 있었으나, 이를 담아낼 사회적 그릇인 '인프라'가 설계되지 않은 상태에서의 실험은 사상누각에 불과했다. 특히 자산의 가치를 재무제표에 담지 못하는 회계 기준의 부재와 과세 시점의 불투명성은 기관 투자자라는 핵심 엔진의 시동을 꺼뜨린 결정적 요인이었다. 인프라가 없는 실험은 단순한 유희일 뿐이며, 이제는 '어떤 코드를 짤 것인가'가 아니라 '어떤 법적·회계적 아키텍처를 세울 것인가'로 담론의 중심을 옮겨야 한다.

역할 분담의 붕괴와 '총괄 아키텍트'의 부재

토큰화는 발행, 유통, 결제, 보관이 유기적으로 연결된 가치사슬Value-chain 위에서만 생존할 수 있다. 그러나 한국의 시장 플레이어들은 각기 분절된 역할에만 매몰되었다. 은행, 증권사, 핀테크 등 모든 주체가 참여했으나, 이들은 오직 자신의 책임 범위 내에서만 제한적으로 움직였다. 전체 구조를 설계하고 결과에 책임을 지는 '총괄 아키텍트Grand Architect'가 부재했기에, 한국의 토큰화는 언제나 파편화된 기술 과시의 수준을 넘지 못했다.

또한 금융과 가상자산의 엄격한 분리 원칙은 안정성 측면에서는 합리적이었으나, 기술·자본·신뢰가 하나의 인프라로 결합되는 것을 구조적으로 차단했다. 금융기관은 위험을 본체와 분리하기 위해 별도 법인을 통해서만 간접적으로 접근했고, 이는 인프라 형성을 방해하는 또 다른 병목이 되었다. 이 모든 요소가 결합된 결과가 바로 대한민국 토큰화의 현재 모습이다. 혁신적인 실험은 도처에서 일어났지만, 이를 지탱할 제도화된 인프라는 단 한 번도 완성되지 않았다.

파편화된 실험의 시대를 지나 '제도적 총량'의 시대로

결국 한국 토큰화가 마주한 반복된 실패의 실체는 규제의 세기가 아니라, 우리가 가진 '제도적 총량의 한계'였다. 기술은 국경을 넘어 가장 앞선 곳을 향해 달려갔으나, 이를 뒷받침할 법률, 회계, 감독 체계라는 사회적 인프라는 과거의 중앙집중형 모델에 고착되어 있었다. 기술적 전송과 법적 권리가 따로 놀고, 감독기관마다 서로 다른 잣대를 들이대며, 실험을 샌드박스라는 좁은 울타리에 가두어 둔 상태에서는 그 어떤 혁신가도 상업적 결승선에 도달할 수 없었다.

지금까지의 한국 토큰화가 '멋진 기술을 증명하는 시기'였다면, 앞으로의 과제는 '작동하는 시스템을 설계하는 것'이다. 개별 프로젝트의 성패보다 중요한 것은, 실패하더라도 그 경험이 국가적 금융 자산으로 축적될 수 있는 보편적 인프라의 구축이다. 파편화된 규제를 원망하기보다, 그 파편들을 하나의 일관된 논리로 엮어낼 수 있는 거대한 아키텍처가 부재했음을 인정해야 한다.

이제 대한민국 금융은 '실험의 늪'을 벗어나야 한다. 단순히 해외의 사례를 뒤쫓는 추격자가 아니라, 가장 정교하고 안

전한 디지털 금융 운영체제를 선제적으로 설계하는 '퍼스트 무
버First Mover'로의 전환이 필요하다. PART 3에서 분석한 이 뼈
아픈 실패의 기록들은, 역설적으로 우리가 PART 4에서 그려낼
'한국형 토큰화 모델'이 왜 단순한 기술 도입을 넘어선 국가적
설계 프로젝트여야 하는지를 증명하는 가장 강력한 근거가 될
것이다.

한국형 토큰화의
전략과
미래 설계

한국형 토큰화 모델
지금 가능한 것과 중장기 비전

가능성과 불확실성의 접점
: "레일은 아직 깔리지 않았다"

한국의 가상자산 토큰화 논의는 오랫동안 기묘한 모순 속에 놓여 있었다. 기술적 준비도와 디지털 금융 활용도는 세계 최고 수준에 도달해 있으나, 이를 실제 금융 인프라로 작동시키기 위한 제도적 레일은 여전히 미완성 상태다. 이로 인해 한국 시장은 역량이 부족해 멈춘 것이 아니라, 충분한 가능성을 품고도 제도적 확신이 없어 선택하지 못한 '전략적 지체' 상태에 가깝다.

이러한 불확실성은 기술의 미성숙이 아닌 '판단 기준의 부재'에서 기인한다. 한국 금융 시스템은 디지털화와 보안 측면에서 이미 글로벌 상위권Top-tier에 속해 있다. 문제는 기술적 구현이 아니라, 어디까지를 허용하고 무엇을 먼저 실행할 것인가에 대한 공통의 기준이 부재했다는 점이다. 만약 우리가 기술적 우위에만 도취하여 제도적 설계를 외면한다면, 고속 열차를 만들어두고도 선로가 없어 격납고에 방치하는 우를 범하게 될 것이다. 본 장의 목적은 이상적인 미래를 그리는 것이 아니다. 현행 제도적 환경에서 '즉시 가능한 것'과 '판단이 필요한 것'을 냉정히 구분하고, 이를 구조적 비전으로 연결하는 데 있다.

한국형 토큰화 접근의 기본 전제
: "한 번에 가지 않는다"

글로벌 토큰화 논의에서 발견되는 치명적 오류는 처음부터 모든 시스템이 온체인으로 전환되는 '완성형 모델'만을 상정한다는 것이다. 그러나 국가 단위의 금융 인프라는 단번에 전환될 수 없다. 특히 규제 신뢰도가 높고 시스템 안정성을 최우선하는 한국에서는 더욱 그렇다. 모든 시스템을 한꺼번에 온체인으로 옮기겠다는 발상은 혁신이 아니라 무모함에 가깝다.

한국형 토큰화의 출발점은 명확하다. 가능한 영역부터 즉시 시동을 걸되, 처음부터 전체 구조End-to-End Architecture를 염두에 두는 '단계적 통합'이다. 이는 속도를 늦추자는 뜻이 아니다. 오히려 잘못된 방향으로의 질주를 경계하고, 가장 견고한 레일을 깔기 위한 전략적 판단이다. 우리는 과거 인터넷 뱅킹 도입당시의 경험을 되새겨야 한다. 당시 한국은 단계적이지만 단호한 전환을 통해 세계 최고의 디지털 금융 강국이 되었다. 가상자산 토큰화 역시 기술적 파격성보다는 제도적 연속성과 안정적 전환에 승부수를 던져야 한다.

지금 당장 실행 가능한 토큰화의 3대 핵심 영역

글로벌 시장 분석에 따르면, 2026년 이후의 토큰화는 성책적 명확성이 확보된 영역부터 폭발적으로 성장한다. 한국 역시 현행 법체계 내에서 대규모 개정 없이 즉시 시동을 걸 수 있는 영역은 다음과 같이 요약된다.

- **기관 간 정산·결제용 토큰화**B2B Settlement: 은행 장부상의 정산금이나 결제 프로세스를 토큰화하여 실시간 대금 결제Atomic Settlement 구조를 만드는 것이다. 이는 고객 자산을 직접 다루지 않으면서 기존 금융 인프라의 고질적인 문제인 정산 지연과 운영 비용을 획기적으로 낮춘다. JP모건의 사례처럼 한국은행의 CBDC 테스트와 연계하여 시중은행 간 정산 레일을 토큰화하는 것이 가장 현실적이고 파괴력 있는 첫 단추가 될 것이다. 이는 혁신보다는 '운영 효율'에 집중한 모델로, 감독기관의 수용성이 가장 높다.

- **수익권 기반 RWA 토큰화**Asset-Backed Tokenization: 매출채권, 정산금, 단기 채권형 펀드 등 기초 권리가 명확한 실물자산RWA이 대상이다. 법적 권리는 오프체인에 유지하되 거래 상태만을 디지털 레일 위에 올림으로써 자산의 투명성을 높인다. 글로벌 시장에서는 이미 디지털 자산 재무기관Digital Asset Treasuries, DATs이 기업 재무제표 관리의 새로운 표준으로 등장했다. 한국 기업들이 토큰화된 우량 자산을 직접 보유하고 운용함으로써 자금 효율성을 극대화하는 '기업 금융의 디지털화'가 이 영역의 실

질적인 종착지다.

- **공공·유틸리티 기반 목적형 토큰화**Public Utility: 탄소배
출권이나 공공 데이터 연계 자산 등 정책적 목적이 분명
한 영역이다. 투기적 성격이 낮고 데이터의 투명한 관리
가 최우선인 만큼 사회적 거부감이 적다. 예를 들어, 분산
된 신재생 에너지 발전소의 발전량을 실시간으로 토큰화
하여 거래하는 시스템은 행정 비용을 극도로 낮출 수 있
다. 이는 금융 혁신을 넘어 공공 자원 관리의 효율성을 극
대화하며, 대중이 토큰화 기술의 실질적 가치를 체감할
수 있게 하는 중요한 실증적 토대가 될 것이다.

중장기 비전
: 국가 단위 온체인 금융 운영체제K-Financial OS

초기 성공을 통해 신뢰가 쌓이면 논의는 필연적으로 복잡
한 자산군으로 확장된다. 부동산 수익권의 온체인 거래, 예금
연계형 토큰Deposit Tokens의 상용화, 국채의 온체인 동기화 등이
그 대상이다. 이들은 기술의 한계가 아닌 법적·제도적 결단이
필요한 영역들이다. 예금 토큰화는 기존 예금자 보호 제도와의

정합성을 해결해야 하며, 국채 토큰화는 국가 채무 관리 시스템의 전면적 개편을 전제로 한다.

한국형 토큰화의 궁극적 지향점은 개별 상품의 성공이 아니다. 금융, 산업, 공공 데이터가 하나의 공유 원장 위에서 실시간으로 동기화되는 '차세대 국가 금융 운영체제K-Financial OS'의 구축이다. 이는 단순히 화폐의 디지털화를 넘어, 국가 자산 전체의 유동성을 지능적으로 관리하는 '신뢰 인프라'의 완성을 뜻한다. 이 거대한 비전은 단순한 꿈이 아니라, 지금 우리가 내리는 모든 선택을 평가하는 엄격한 기준점으로 존재해야 한다. 현재 우리가 진행하는 작은 실험들이 훗날 국가 전체를 관통하는 거대한 신경망에 연결될 수 없다면, 그것은 자원 낭비에 불과하다.

 저자의 인사이트

지금은 '상품의 문제'가 아니라 '순서의 문제'다

수많은 토큰화 프로젝트가 좌초되는 이유는 "무엇이 혁신적인가"에만 매몰되어 "무엇부터 해야 하는가"에 대한 전략적 합의를 놓치기 때문이다. 시장은 자극적인 신상품을 원하지만, 금융 인프라는 '설명 가능한 안전함'을 원한다.

한국형 토큰화의 첫 단추는 가장 화려한 모델이 아닌, 기존 법체계와 가장 마찰이 적으면서도 운영 효율이 극대화되는 모델부터 꿰어야 한다. B2B 정산과 공공 유틸리티 영역에서 '작은 승리 Small Wins'를 쌓아 올리며 규제 당국과 대중의 신뢰를 확보하는 것, 그것이 가장 빠른 지름길이다. 이 순서가 뒤섞여 무리한 소비자 대상 상품부터 밀어붙이는 순간, 혁신은 규제라는 거대한 벽에 부딪혀 동력을 영영 상실하게 될 것이다.

한국형 토큰화는 '속도전'이 아닌 '구조전'이다

전략의 본질은 '누가 먼저 시작하느냐'가 아니라, '누가 더 오래 지속되는 구조를 만드느냐'에 있다. 단순히 해외의 사례를 복제하거나 유행을 쫓는 식의 접근은 한국 금융을 다시 늦깎이 추격국가로 만들 뿐이다.

본 장에서 제시한 3대 영역과 단계적 비전은 단순한 로드맵이 아니다. 이는 거센 변화의 파도 속에서 한국 금융이 길을 잃지 않기 위한 전략적 좌표계다. 우리는 가장 견고한 기초 위에 가장 유연한 인프라를 설계해야 한다. 그것이 기술 강국 대한민국이 가상자산 기반의 토큰화라는 새로운 금융 영토를 개척하고, 글로벌 금융 질서의 설계자로 거듭나는 유일한 길이다.

한국형 토큰화 설계 원칙

신뢰 구조의 재설계와 아키텍처

토큰화의 본질은 기술이 아니라 '신뢰'다

가상자산 토큰화는 흔히 블록체인이나 스마트 컨트랙트 같은 기술 혁신의 문제로 설명되곤 한다. 분산 원장 기술이 가져올 속도와 효율성, 그리고 획기적인 비용 절감에 매몰되어 기술 그 자체가 목적인 것처럼 비춰지기도 한다. 그러나 금융의 본질적 관점에서 토큰화는 결코 기술의 문제가 아니다. 금융은 수천 년 동안 인류가 '신뢰'를 어떻게 조직하고 관리하며, 자본의 흐름을 안전하게 보장할 것인가를 고민해온 거대한 약속의 체계다.

토큰화는 그 거대한 신뢰의 구조를 디지털 환경에서 재설계하는 작업에 가깝다. 금융 인프라로서 토큰화가 성공하기 위해서는 단 한 가지 본질적인 질문에 답해야 한다. **"토큰화 환경에서 금융의 핵심 가치인 신뢰를 어떻게 재구성할 것인가?"** 기술은 그 질문에 대한 답을 구현하는 도구일 뿐이다. 이 질문에 답하지 못하고 신뢰의 체계를 설계하지 못한 기술은 아무리 파괴적이라 해도 결국 금융의 문턱을 넘지 못하고 단순한 실험으로 남게 될 것이다.

전통 금융의 지혜
: 왜 기존의 신뢰 구조를 그대로 옮길 수 없는가

전통 금융 시스템의 신뢰는 수세기에 걸쳐 완성된 철저한 '역할 분리Segregation of Duties'를 통해 형성되어 왔다. 발행, 보관, 운용, 감독이라는 각 기능이 서로 다른 주체에 의해 수행되는 분업 구조 자체가 시스템의 안정성을 담보하는 견제와 균형의 원리로 작동했다.

하지만 가상자산 토큰화는 이 복잡한 구조를 하나의 기술 스택Tech Stack 안으로 압축하려는 강한 유혹을 만든다. 스마트 컨트랙트라는 코드 한 줄로 자산의 발행부터 거래, 정산까지 단번에 처리할 수 있다는 효율성은 분명 매력적이지만, 이러한 기능의 압축은 필연적으로 책임의 경계를 흐리게 만든다. 모든 기능이 하나의 플랫폼, 하나의 주체에게 집중될 때 발생하는 리스크는 상상을 초월한다. 특히 예상치 못한 사고나 기술적 오류가 발생했을 때 책임 주체가 불분명한 구조는 한국 금융 시스템이 지난 수십 년간 쌓아온 제도적 신뢰를 단번에 무너뜨릴 수 있다. 따라서 우리는 다음의 다섯 가지 설계 원칙을 통해 한국형 토큰화의 뼈대를 세워야 한다.

원칙 1 & 2
: 역할의 분리와 금융 문법의 디지털 번역

- **원칙 1. 기능적 분리와 책임의 귀속**Segregation by Design: 한국형 토큰화 설계의 첫 번째 대전제는 "한 주체가 모든 것을 맡지 않는다"는 것이다. 디지털 자산의 세계에서도 전통 금융의 지혜인 직무 분리는 유효해야 한다. 토

큰화 환경에서도 발행인, 보관인Custody, 운영 대행인, 그리고 감시자는 기능적으로 명확히 구분되어야 한다. 이는 기술적 구현이 불가능해서가 아니라, 제도적 신뢰를 유지하기 위한 최소한의 안전장치다. 아키텍처 설계 단계에서부터 책임의 귀속 주체를 물리적·논리적으로 분리하는 구조를 만드는 것만이 혁신을 제도권 금융의 진정한 일원으로 편입시키는 유일한 길이다.

- **원칙 2. 하이브리드 동기화**Hybrid Synchrony: 두 번째 원칙은 금융의 문법을 디지털로 정교하게 '번역'하는 것이다. 이 과정에서 가장 치명적인 실수는 모든 것을 온체인On-chain으로 옮기려는 과욕이다. 법적 권리의 실체, 계약 관계의 세부 사항, 그리고 분쟁 해결을 위한 제도적 장치는 여전히 오프체인Off-chain의 견고한 법체계 안에서 작동하는 것이 합리적이다. 온체인에는 거래의 상태값과 정산 결과 등 투명성과 실시간성을 확보하는 데 필수적인 최소 정보만을 기록해야 한다. 이것이 한국의 보수적인 규제 환경과 혁신적인 기술 사이에서 최적의 균형을 찾는 하이브리드 접근법의 핵심이다.

원칙 3 & 4
: 실시간 관찰 가능성과 기술적 추상화

- **원칙 3. 감독의 코드화**Reg-Tech Integration: 세 번째 원칙은 실시간 관찰 가능성Observability의 내재화다. 전통적인 금융 감독은 '사후 보고'와 '정기 검사'를 중심으로 이루어졌다. 그러나 모든 거래가 디지털 상태로 표현되는 토큰화 환경에서는 감독의 패러다임이 근본적으로 바뀌어야 한다. 아키텍처 내부에 감독 노드Supervisory Node를 설치하여 실시간으로 데이터의 무결성을 확인하게 함으로써, 금융사들의 보고 업무 부담은 줄이고 시장 참여자에게는 규제의 투명성을 제공해야 한다. 감독기관이 시장 밖의 사후 개입자가 아닌, 기술 구조 내에서 실시간으로 신뢰를 확인하는 '조용한 참여자'가 되도록 설계해야 한다.

- **원칙 4. 복잡성의 추상화**Complexity Abstraction: 기술의 진정한 성공은 사용자가 그 복잡함을 의식하지 못할 때 완성된다. 우리가 전기를 쓰면서 발전소의 원리를 고민하지 않듯, 토큰화 금융 역시 블록체인의 복잡한 구동 방식

은 사용자 인터페이스UI 뒤로 완전히 숨겨져야 한다. 사용자는 기존의 뱅킹 앱을 쓰는 것과 동일한 편리함을 누리되, 그 이면의 하부 레일에서는 스마트 컨트랙트가 실시간 정산을 처리하고 보안 프로토콜이 자산의 안전을 보장하는 구조가 바로 '추상화'의 지향점이다.

원칙 5
: 실패를 전제로 한 복원력Resilience 설계

마지막 다섯 번째 원칙은 실패를 예외가 아닌 '상수'로 보아야 한다는 것이다. 진정한 혁신은 실패를 완벽히 제거하는 오만에 빠지는 것이 아니라, 특정 지점의 실패가 시스템 전체로 확산되지 않도록 차단하는 복원력Resilience 있는 구조를 만드는 데 있다.

한국형 토큰화는 특정 프로젝트의 기술적 오류나 참여자의 파산이 전체 금융 시스템의 리스크로 전이되지 않도록 강력한 서킷 브레이커Circuit Breaker를 갖춰야 한다. '작은 실패가 전체의 붕괴로 이어지지 않는 구조'를 설계하는 것은 토큰화가 국가 금융의 기간망으로 진입하기 위한 절대적인 필수 요건이다. 이는 단순한 백업 시스템을 넘어, 사고 발생 시 자산의 소유권을 오프체인 장부와 대조하여 복구할 수 있는 '최후의 보전 경로' 를 확보하는 것을 의미한다.

 저자의 인사이트

표준 아키텍처: 신뢰 구조의 통일이 필요한 이유

그동안 한국의 토큰화 시도들이 각자도생의 실험에 그쳤던 이유 는 기술의 통일이 아닌 '신뢰 구조의 통일'이 부재했기 때문이 다. 이는 마치 기차 노선마다 레일의 폭이 달라 환승이 불가능한 상황과 같다.

우리가 지향해야 할 표준 아키텍처는 단순히 어떤 블록체인을 쓰 느냐의 문제가 아니다. **법률 레이어**, **운영 레이어**, **데이터 레이 어**가 각각 어떤 역할을 맡고 서로 이렇게 소통해야 하는지에 대 한 국가적 약속이다. 이러한 공통의 구조적 합의가 선행되어야 만 비로소 자본과 데이터가 막힘없이 흐르는 진정한 토큰화 생태 계가 열린다. 표준은 혁신을 가로막는 규제가 아니라, 더 큰 혁신 이 뛰어놀 수 있는 거대한 운동장을 만드는 작업이다.

신뢰 없는 토큰화는 인프라가 될 수 없다

기술 유행은 계절처럼 빠르게 변하지만, 금융 인프라는 강물처럼 오랫동안 유지되어야 한다. 한국형 토큰화 설계에서 우리가 가장 경계해야 할 것은 최신 기술을 쓰지 못하는 낙후함이 아니라, 기술의 화려함에 가려져 신뢰의 본질을 놓치는 소홀함이다.

결국 한국형 가상자산 토큰화의 성패는 누가 더 세련된 알고리즘을 가졌느냐는 기술 경쟁이 아니라, 누가 더 정교하고 견고한 신뢰 구조를 설계했느냐는 '설계의 싸움'에서 결정될 것이다. 신뢰라는 뼈대가 없는 토큰화는 사상누각에 불과하다. 우리는 오늘, 미래 금융의 신뢰를 기술의 언어로 다시 쓰고 있다.

한국형
하이브리드 전략
글로벌 표준과 한국적 맥락 결합

단일 모델을 선택할 수 없는 이유
: 기술은 국경이 없으나 제도는 문화를 먹고 자란다

가상자산 토큰화 논의가 전 세계적으로 급물살을 타면서 국가와 기관들은 하나의 질문에 집중해 왔다. "과연 어느 나라의 모델이 정답인가?" 하지만 이 질문은 토큰화의 본질을 오해한 데서 출발한다. 토큰화는 단일한 글로벌 규칙이 확립된 완성형 제도가 아니다. 각국의 금융 구조, 규제 철학, 그리고 시장

특성에 따라 서로 다른 방향으로 진화하고 있는 '진행형의 전환 과정'이기 때문이다.

이러한 상황에서 특정 국가의 모델을 그대로 복제하는 전략은 단기적으로 명쾌해 보일 수 있으나, 중장기적으로는 한국 금융의 특수성과 충돌하여 심각한 구조적 마찰을 일으킬 가능성이 크다. 기술은 국경이 없으나 제도는 국경 안의 역사와 문화를 먹고 자란다. 한국형 토큰화 전략은 바로 이 '비판적 수용'의 지점에서 출발해야 한다. 우리가 추구해야 할 방향은 외부의 표준을 맹목적으로 따르는 것이 아니라, 글로벌 흐름 속에서 한국의 강점을 극대화할 수 있는 독창적인 길을 설계하는 것이다.

한국 금융 구조가 요구하는 전략적 전제
: 복합적 DNA의 이해

대한민국 금융 시스템은 단일한 성격으로 규정하기 어려운 복합적인 DNA를 가지고 있다. 우리는 서구의 합리주의와 아시아의 역동성, 그리고 세계 최고 수준의 IT 강국이라는 독보적인 정체성을 동시에 보유하고 있다. 이러한 배경은 한국형 전략 수립 시 다음과 같은 사분면의 고려 사항을 도출하게 한다.

- **규제 강도와 감독 방식**: 소비자 보호와 금융 시스템 건전성을 최우선시하며, 이는 원칙 중심보다는 규칙 중심의 촘촘한 그물망을 가진 유럽연합EU과 닮아 있다.
- **제도 집행의 안정성**: 돌발적인 변화보다는 점진적이고 신중한 접근을 선호하며, 관료 조직의 안정성을 중시하는 **일본**의 문법과 유사하다.
- **기술 수용성과 실험 속도**: 새로운 기술이 등장했을 때 시장이 가장 먼저 반응하며, 세계 최고 수준의 네트워크 인프라를 바탕으로 **싱가포르** 수준의 민첩한 테스트가 가능하다.
- **글로벌 자본 연결의 필요성**: 내수 시장의 한계를 극복하기 위해 글로벌 자본 유입이 절실하며, 아시아 금융 허브를 지향하는 **홍콩**과 같은 갈증을 느끼고 있다.

이 복합적인 구조 속에서 한국이 취할 수 있는 최선의 전략은 명확하다. 어느 한 모델을 추종하는 것이 아니라, 각 선도 모델의 핵심 강점을 한국적 맥락에 맞게 '선택적으로 결합'하는 하이브리드 전략이다.

네 개의 글로벌 접근 방식
: 비교와 차용의 기준

한국형 하이브리드 전략을 설계하기 위해서는 글로벌 선도 모델들이 무엇을 목표로 움직이는지 정밀하게 분해해야 한다.

- **EU 모델: '신뢰의 뼈대'**(Regulatory Core) MiCA(가상 자산법)와 같이 자산의 법적 정의와 발행자의 책임을 먼저 확정하고 그 울타리 안에서만 혁신을 허용하는 방식이다. 2026년 전면 시행된 MiCA는 스테이블코인 발행사에게 100% 준비금 확보와 엄격한 상환 권리를 요구한다. 한국 역시 고도의 신뢰도를 유지하기 위해, 무분별한 실험 이전에 법적 대항력과 파산 격리Bankruptcy Remoteness 장치를 먼저 설계하는 이 원칙을 모델의 근간으로 삼아야 한다.

- **싱가포르 모델: '실전의 근육'**(Institutional Pilot) 통제된 환경Sandbox에서의 반복적 실증을 통해 제도를 다듬는

방식이다. '프로젝트 가디언Project Guardian'을 통해 국채, 외환, 펀드 자산의 토큰화 표준을 주도하는 싱가포르의 실용주의는 우리가 반드시 배워야 할 대목이다. 한국은 탁상공론식 법 개정에 앞서, 기관 간 정산 영역에서 실무적인 데이터부터 확보해야 한다.

- **홍콩 모델: '유동성의 통로'(Market Connectivity)** 명확한 라이선스 기준(VASP 2.0)을 통해 글로벌 사업자를 유인하고 유동성을 흡수하는 전략이다. 특히 홍콩의 스테이블코인 조례는 아시아 자본의 디지털 관문 역할을 지향한다. 글로벌 자본과 단절된 토큰화는 결국 '우물 안 개구리 실험'으로 끝난다는 홍콩의 통찰은 우리 자산의 세계화를 위한 필수 과제다.

- **미국 모델: '확장의 날개'(Global Reach)** 퍼블릭 블록체인을 기반으로 글로벌 표준을 시장에서 먼저 만들어내는 방식이다. 미국의 'GENIUS법'은 달러 패권의 디지털 확장을 목표로 한다. 한국형 모델이 갈라파고스로 전락하지 않으려면, 설계 단계부터 이더리움 등 글로벌 퍼블릭 레일과의 상호운용성Interoperability을 반드시 반영해야 한다.

전략은 '선택'이 아니라 '설계'의 영역이다

한국형 토큰화 전략은 어느 특정 국가 모델을 고르는 선다형 문제가 아니다. 그것은 어떤 요소를, 어떤 순서로 배치할 것인가를 결정하는 고도의 인프라 아키텍처 설계 문제다.

우리는 유럽의 보수적인 안전장치를 갖춘 채(뼈대), 싱가포르의 실험실에서 검증하고(근육), 홍콩의 통로를 통해 글로벌 자산에 접근하며(통로), 미국의 고속도로라 할 수 있는 퍼블릭 네트워크를 타고 확장(날개)해야 한다. 이 네 가지 요소의 정교한 조합만이 기술 강국 대한민국이 가상자산이라는 새로운 금융 영토에서 주도권을 쥐게 할 유일한 병기다.

조합의 정교함이 국가 경쟁력을 만든다

한국형 하이브리드 전략의 진정한 경쟁력은 남들보다 조금 더 빠른 속도에서 나오지 않는다. 글로벌 표준을 무비판적으로 추종하지 않으면서도 국내 현실이라는 폐쇄성에 갇히지 않는

'최적화된 조합'에서 나온다.

2026년 이후 대한민국은 '디지털 자산 기본법'의 완성과 **'원화 스테이블코인 가이드라인'** 확립을 통해 이 하이브리드 전략을 실천에 옮겨야 한다. 전략의 본질은 '누가 먼저 시작하느냐'가 아니라, '누가 더 오래 지속되는 구조를 만드느냐'에 있다. 우리는 EU의 신뢰, 싱가포르의 실험 정신, 홍콩의 개방성, 그리고 미국의 확장성을 우리만의 그릇에 담아내야 한다. 이 정교한 하이브리드 전략이야말로 대한민국 금융이 글로벌 패권 다툼에서 살아남아 두 번째 도약을 이뤄낼 수 있는 생존 지침서다.

Chapter 16

토큰화 시대, 한국의 두 번째 금융 도약

장부에서 흐름으로

전환의 본질

: 기술 혁신을 넘어 금융 질서의 대이동

가상자산 토큰화는 단순히 블록체인이라는 신기술이 금융 시스템에 이식되는 지엽적인 사건이 아니다. 이 책에 전 장에 걸쳐 거듭 강조했듯, 토큰화의 본질은 기술적 도구의 변화를 넘어선 '글로벌 금융 질서의 근본적인 대이동'에 있다. 우리는 지금 수백 년간 인류의 경제를 지탱해온 정적인 '계좌Account'의 시대에서, 동적인 '데이터와 사건Event'의 시대로 넘어가는 거대한 문턱에 서 있다.

기존 금융이 계좌라는 폐쇄적인 장부에 숫자를 기록하고 사후에 대조하는 방식에 집중했다면, 미래의 금융은 사건Event, 상태State, 조건Condition을 중심으로 실시간 재구성된다. 거래는 '예약'과 '처리'의 단계를 거치지 않고 발생하는 즉시 확정되는 즉시성을 갖게 되며, 정산은 별도의 행정 절차가 아니라 데이터가 이동하는 순간 함께 완결되는 통합성을 지닌다. 또한 정보는 사후 보고가 아닌 원장 위에서 실시간으로 관찰되는 공유 자산으로서 투명성을 확보한다. 이러한 변화는 단순한 성능 개선을 넘어, 금융이라는 국가 운영체제OS 자체를 교체하는 패러다임의 전환을 의미한다.

계정 기반 금융의 종말과 '이벤트 기반' 금융의 도래

우리가 물려받은 기존 금융 인프라는 필연적인 '기다림'을 전제로 설계되었다. 자금이 이동하면 상대방의 장부와 대조해야 하고, 그 과정에서 발생하는 시차(T+2, T+1)는 시스템 안정성을 위한 어쩔 수 없는 비용으로 간주되었다. 수만 명의 인력이 장부 간 대조Reconciliation에 투입되고 사고가 터진 뒤에야 수습에 나서는 사후 규제 체계 역시 이러한 '지연된 신뢰'의 산물이다.

가상자산 토큰화는 이 전제를 뿌리부터 뒤흔든다. 금융 거래는 이제 사건이 발생하는 즉시 완결되는 **아토믹 결제**Atomic Settlement 구조로 이동한다. 2026년 1월 현재, 미국 국채 기반 토큰화 MMF 시장이 약 90억 달러(13조 원) 규모로 성장하며 2025년 대비 2배 이상 급팽창한 사실은 이 '즉시성'의 가치를 자본이 증명하고 있음을 보여준다.

이는 단순히 금융기관의 업무가 편해지는 효율성의 문제를 넘어선다. 금융이 실물 경제의 속도를 얼마나 민첩하게 따라잡고 지원할 수 있는가라는 국가 경제의 근원적인 경쟁력과 직결되기 때문이다. 자본이 장부 사이에 묶여 있는 시간을 최소화하고 유동성을 극대화하는 국가가 결국 미래 금융의 주도권을 쥐게 될 것이다.

한국이 지금 '결정'해야만 하는 이유
: 인프라의 가치는 타이밍에 있다

글로벌 시장에서 대한민국은 늘 '가장 준비된 나라'로 평가받는다. 세계 최고 수준의 IT 네트워크, 강력하고 촘촘한 금융 규제 체계, 그리고 새로운 기술적 변화를 가장 빠르게 수용하는 역동적인 소비자 층을 모두 갖췄기 때문이다. 2026년 시행 예정인 '디지털 자산 기본법(2단계 입법)'의 윤곽이 드러나고 국내 ICO의 빗장이 풀리는 지금은, 그동안의 관망을 끝낼 수 있는 최적의 타이밍이다.

역설적으로 한국은 전략적 결정이 가장 늦은 시장이기도 했다. 명확한 방향을 제시하지 못하는 정책적 회색지대는 시장 참여자들에게 기회가 아닌 '불확실성'이라는 막대한 비용으로 작용해 왔다. 이제 우리가 스스로에게 던져야 할 질문은 "도입할 것인가"라는 해묵은 고민이 아니다. "어떤 설계로, 무엇부터 시작하여, 어떻게 글로벌 표준을 주도할 것인가"라는 실천적 결단이어야 한다. 준비된 역량을 결집할 '결정'이 늦어질수록, 우리가 가진 인프라 자산은 가치를 잃고 매몰 비용으로 변할 뿐이다.

토큰화는 '오지 않은 미래'가 아니라 '검증된 현재'다

2026년 초 현재, 가상자산 토큰화는 더 이상 공상이 아니다. 글로벌 스테이블코인 시가총액은 약 2,600억 달러를 넘어섰고, 연간 온체인 거래량은 4조 달러를 돌파하며 전통적인 결제망의 지위를 위협하고 있다. 싱가포르와 홍콩은 국가 차원의 토큰화 레일을 이미 완공 단계에 올렸으며, 미국은 제도적 보완을 통해 이를 국익의 도구로 전환했다.

이 거대한 흐름에서 이탈하는 것은 '신중한 보수성'이 아니라 '전략적 퇴보'에 가깝다. 정책적 명확성을 바탕으로 한 운영 준비성Operational Readiness을 갖추는 것은 이제 국가 금융 생존의 필수 과제가 되었다. 한국이 설계할 '이벤트 기반 금융'은 이러한 글로벌 유동성 흐름에 올라타는 디지털 고속도로가 될 것이다.

대한민국 금융의 도약을 위한 5대 국가적 과제

대한민국 금융의 두 번째 도약을 위해 지금 당장 착수해야 할 실무적인 다섯 가지 과제는 다음과 같다.

- **자산 유형의 법적 정의 명문화**: 예금 토큰, 결제 토큰, 실물자산RWA 등 다양한 형태의 자산에 대한 법적 지위를 최우선으로 확정해야 한다. 2단계 입법 과정에서 '회계적 공시 기준'까지 포함하여 법적 명확성을 완성해야 한다.
- **기관 중심 파일럿 프로그램 가동**: 한국은행의 '프로젝트 한강 2차'와 같은 국가 단위 테스트베드를 통해 100조 원 대 국고보조금의 CBDC 지급 등 실무적 성공 사례를 만들어야 한다.
- **글로벌 연결성Interoperability 기준 설계**: 국내 전용망에 갇히지 않도록 글로벌 퍼블릭 네트워크와 국내망을 어떤 보안 규격으로 연결할 것인지 'K-표준'을 선제적으로 마련해야 한다.
- **토큰화 특화 라이선스 체계 도입**: 기존 금융 문법에 맞지 않는 새로운 사업 모델을 포용할 수 있도록, '책임과 권

한'의 균형을 맞춘 특화된 인가 체계를 수립하여 핀테크
와 전통 금융의 결합을 유도해야 한다.

- **민관 합동 디지털 금융 로드맵 발표**: 정부와 민간이 합의
  한 일관된 시그널은 규제 완화 그 이상의 강력한 투자 촉
  매제가 될 것이다.

한국형 토큰화의 성공 조건: 균형의 미학

한국형 토큰화의 경쟁력은 최신 기술의 무분별한 도입에서
나오지 않는다. 그것은 안정성과 확장성, 규율과 실험, 그리고
국내 질서와 글로벌 연결성이라는 세 가지 가치의 정교한 균형
에서 완성된다. 금융 시스템의 근간인 안정성을 훼손하지 않으
면서도 글로벌 네트워크로 거침없이 뻗어 나가는 확장성을 확
보해야 하며, 엄격한 책임 구조 아래에서 창의적인 시도가 허
용되는 환경을 조성해야 한다.

특히 기업 재무DAT의 패러다임이 바뀌고 스테이블코인이
글로벌 결제 인프라로 안착한 현 상황에서, 한국은 로컬 규제
의 정합성을 유지하되 글로벌 스탠다드와 실시간으로 동기화
되는 상호운용성을 놓쳐서는 안 된다. 지금 우리가 내리는 설

계의 결단이 향후 30년의 금융 주도권을 결정할 것이다.

금융이 다시 현실과 맞닿는 순간

토큰화는 기존 금융의 종말이 아니다. 오히려 금융이 복잡한 장부와 서류의 세계를 넘어, 실제 경제 활동과 가장 실시간으로 밀착되는 '본연의 역할'을 회복하는 과정이다. 돈이 단순히 숫자가 아니라 데이터와 논리를 가진 생명체가 되어 경제의 모세혈관까지 흐르게 하는 것, 그것이 우리가 꿈꾸는 미래 금융의 모습이다.

이 책은 미래를 예언하려 하지 않았다. 대신, 이미 우리 곁에 도착한 거대한 변화의 파도를 어떻게 설계하고 올라탈 것인가를 물었다. 대한민국이 이 질문에 당당히 답하고 실행에 옮길 준비가 되었을 때, 가상자산 토큰화는 단순한 기술적 과제가 아니라 우리 금융 역사상 두 번째 거대한 도약의 기회가 될 것이다. 이제, 그 도약을 위한 첫걸음을 뗄 시간이다.

미래 금융은 설계되는 것이며, 토큰화는 그 새로운 언어다

우리는 흔히 금융을 자연발생적인 시장의 흐름이라 오해하곤 한다. 그러나 인류 역사상 금융이 인프라로서 기능해 온 모든 순간을 돌이켜보면, 금융은 단 한 번도 자연적이지 않았다. 금융은 언제나 당대의 가장 정교한 논리와 신뢰의 기술이 결합된 고도의 '설계Design' 결과물이었다. 금본위제에서 신용화폐로, 종이 장부에서 디지털 데이터베이스로의 전환은 모두 그 시대가 요구하는 신뢰를 가장 효율적으로 담아내기 위한 의도적인 아키텍처의 신물이었다.

이제 우리는 그 설계의 도구가 근본적으로 바뀌는 거대한 변곡점에 서 있다. 이 책을 통해 살펴본 가상자산 토큰화 Tokenization는 단순한 기술적 유행이나 투자 수단의 등장이 아니다. 그것은 21세기 금융 인프라를 처음부터 다시 쓰기 위한 새로운 '공용 언어Universal Language'다. 과거의 금융이 '계좌'라는 분절된 문법으로 소통하며 각자의 장부를 대조하는 데 수많은 비용을 소모했다면, 토큰화된 미래 금융은 '상태와 조건'이라는 연속적이고 프로그래밍 가능한 언어로 소통한다.

이미 2026년의 현실은 이러한 변화가 돌이킬 수 없는 흐름임을 증명하고 있다. 글로벌 시장에서 기업 재무의 새로운 표준으로 부상한 '디지털 자산 재무기관DAT'과 연간 거래액 4조 달러를 돌파하며 전 세계 자금 이동의 '연결 조직Connective Tissue'이 된 스테이블코인의 성공은, 이 새로운 언어가 이미 실물 경제의 심장부를 관통하고 있음을 보여준다. 이제 토큰화는 '할 것인가'의 문제가 아니라 '얼마나 완벽하게 설계할 것인가'의 문제로 변모했다.

우리가 그리는 미래는 모든 가치가 토큰화의 대상이 되고, 그것이 공기처럼 당연하게 인정받는 세상이다. 부동산의 수익권, 기업의 매출채권, 창작자의 지식재산권, 나아가 탄소배출권과 같은 공공의 가치까지 블록체인이라는 투명한 레일 위에서 실시간으로 흐르게 될 것이다. 기술은 결국 추상화Abstraction될 것이며, 미래의 대중은 자신이 분산원장 위에서 토큰을 전송하고 있다는 사실조차 인지하지 못한 채 일상의 편리함을 누릴 것이다.

그러나 그 보이지 않는 하부 레일 위에서 자본은 아토믹Atomic 으로 정산되어 거래 상대방 리스크를 원천적으로 제거할 것이 며, 금융 시스템의 건전성은 실시간 관찰 가능성Observability 기 술을 통해 24시간 감시될 것이다. 이것이 우리가 이 책에서 제 안한 '한국형 토큰화 모델'이 꿈꾸는 궁극의 지향점이자, 대한 민국 금융이 글로벌 주도권을 쥐기 위해 반드시 완성해야 할 설 계도다.

한국은 이제 실험의 단계를 넘어 인프라의 완성으로 나아 가야 한다. 낱개의 기술 조각들을 모아 하나의 거대한 운영체 제K-Financial OS로 묶어내는 설계의 결단이 필요하다. 우리가 구 축한 이 정교한 하이브리드 전략은 갈라파고스화된 국내 시장 에 갇히지 않고, 글로벌 퍼블릭 네트워크와 실시간으로 동기화 되며 전 세계의 유동성을 한국으로 끌어오는 강력한 자석이 될 것이다.

결국 미래 금융의 승자는 더 빠른 알고리즘을 가진 자가 아 니라, 이 새로운 언어를 통해 더 견고하고 유연한 신뢰를 설계 해내는 자가 될 것이다. 금융 인프라는 주어지는 것이 아니라 의도적으로 설계하는 것이며, 우리는 이제 막 그 설계도를 세 상 앞에 펼쳐 들었다.

토큰화라는 새로운 언어로 쓰일 대한민국 금융의 두 번째 도약은 이제 독자 여러분의 결단과 실행을 통해 완성될 것이다. 장부의 시대가 저물고 흐름의 시대가 오고 있다. 우리는 그 거대한 물줄기를 바꾸는 설계자로서, 미래 금융의 첫 페이지를 함께 써 내려가고 있다.

에필로그 ②

2026년, 토큰화 금융의 제도적 안착과 실전 배치

이 책의 초고를 집필하던 시점에 중장기적 전망으로 제시되었던 여러 시나리오는 2026년 1월을 전후하여 상당 부분 제도와 시장영역에서 현실로 전환되었다. 금융 인프라는 전통적인 장부 기반 시스템에서 점진적으로 이탈하여, 실시간 처리와 상시 유통을 전제로 하는 토큰화 구조를 핵심 인프라로 채택하는 단계에 진입하고 있음을 이제는 쉽게 확인할 수 있게 되었다. 이는 단순한 기술 도입을 넘어 금융 시스템의 운영 방식과 위험 관리 구조 전반을 재설계하는 거대한 패러다임의 변화다.

대한민국 자본시장의 구조적 개편: STO 입법과 제도권 편입

2026년 1월 15일, 국회 본회의를 통과한 「전자증권법」 및 「자본시장법」 개정안은 토큰증권STO 제도의 법적 지위를 확고히 하였다. 분산원장 기반의 기록이 '전자등록계좌부'로서 정식 법적 효력을 인정받게 됨에 따라, 그동안 규제 샌드박스라는 제한된 틀 안에서 운영되던 토큰증권은 비로소 정식 제도권 금융상품으로 안착할 수 있게 되었다.

이러한 제도적 완비에 맞추어 주요 금융그룹 역시 실전 배치를 가속화하고 있다. 하나금융그룹은 함영주 회장의 주도하에 디지털 자산과 웹3 금융 인프라를 차세대 성장 동력으로 설정하고 그룹 차원의 투자 구조를 재정비하였다. 또, 신한투자증권이 추진하는 국채 기반 스테이블본드Stablebond 발행 지원 사례는 반드시 주목해야 할 것이다. 이는 기존 증권의 단순한 토큰화를 넘어, 국채라는 최상위 안전자산을 토큰화된 유동성 공급의 근간으로 활용한다는 점에서 이 책이 강조해 온 '금융 인프라의 질적 진화'를 상징한다.

글로벌 금융 인프라의 변화: 24시간 거래 체계와 RWA의 확장

글로벌 시장에서는 더욱 파괴적인 구조적 변화가 관측되고 있다. 뉴욕증권거래소NYSE가 주식과 ETF의 24시간 거래를 전제로 한 토큰화 인프라 구축에 나선 것은 기존 T+2 결제 구조를 중심으로 형성된 근대 금융 운영 방식에 종말을 고하는 엄청난 사건이다. 이제 자산 거래는 특정 시간대에 구속되지 않고 온체인On-chain 환경에서 365일 연속적으로 이루어지는 방향으로 이동하고 있다.

토큰화 대상 자산의 범위 또한 비정형 영역으로 급격히 확대되고 있다. 갤럭시 디지털Galaxy Digital이 아발란체 네트워크에서 발행한 7,500만 달러 규모의 토큰화 대출채권담보부증권 CLO은 복잡한 구조화 금융상품 역시 블록체인 기반에서 투명하고 효율적으로 관리될 수 있음을 증명한 셈이다. 이는 블랙록의 BUIDL 펀드를 계기로 촉발된 펀드 토큰화 흐름이 민간 대출, 인프라 등 실물자산RWA 전반으로 확장되어 거대한 온체인 금융 생태계를 형성하고 있음을 시사한다.

결제 인프라의 통합: 스테이블코인 기반 DvP 구조의 실현

결제 영역에서의 진보는 토큰화 금융의 마지막 퍼즐을 맞추고 있다. 프랑스 소시에테제네랄의 자회사인 SG-Forge와 SWIFT는 유로화 스테이블코인EURCV을 활용하여 토큰화 채권의 발행, 이자 지급, 상환 전 과정을 DvPDelivery vs Payment(증권대금 동시결제) 방식으로 처리하는 데 성공하였다.

이는 자산의 토큰화와 화폐의 토큰화(스테이블코인)가 결합될 때, 중간 결제 단계와 신뢰 비용을 최소화한 '실시간 동시

결제'가 가능함을 실증적으로 보여준 사례다. 결과적으로 기존 금융 인프라에서 필연적으로 발생하던 결제 지연과 운영 리스크는 이제 시스템적으로 제거되는 길에 들어섰다.

금융 인프라 전환의 분기점

2026년 현재 확인되는 제도와 시장의 변화는 토큰화가 금융 서비스의 부가적인 대안이 아니라, 금융 인프라 설계의 '기본값Default'이 되고 있음을 확실하게 보여주고 있다. 대한민국의 STO 입법 역시 단순한 규제 완화를 넘어 블록체인을 국가 자본시장의 핵심 인프라로 수용하겠다는 정책적 결단이다.

이 책에서 거듭 강조해 온 '금융은 설계의 문제'라는 관점은 이제 이론적 논의를 넘어 실제 제도와 시장 구조 속에서 엄연한 현실로 구현되고 있다. 우리는 지금 기존 시스템을 부분적으로 보완하는 수준에 머물 것인지, 아니면 새로운 디지털 금융 아키텍처로의 구조적 전환을 선택할 것인지에 대한 역사적 분기점에 서 있다. 대한민국 금융의 미래는 이 새로운 인프라 설계도 위에서 누가 더 정교하고 과감하게 움직이느냐에 따라 결정될 것이다.

Appendix

실무자를 위한
전략 지침서

한국형 토큰화 3단계 실행 로드맵

신뢰의 축적과 인프라의 완성

왜 '3단계 로드맵'인가
: 방향이 아닌 단계의 부재

한국의 토큰화 논의가 반복적으로 정체된 이유는 방향성의 부재가 아니라, 이를 현실화할 '단계적 설계Phasing'의 부재에 있다. 그동안의 논의는 "모든 자산을 즉시 토큰화해야 한다"는 급진적 혁신론과 "시스템 안정성을 위해 시기상조"라는 신중론 사이의 소모적인 이분법적 사고에 갇혀 있었다.

국가 단위의 금융 인프라는 단번에 완성되지 않는다. 필요한 것은 시간을 축으로 한 구조적 전개다. 본 로드맵은 토큰화를 단발적인 제도 개편이나 개별 기업의 이벤트가 아닌, 성공

경험이 누적되는 '국가적 인프라 구축 과정'으로 정의한다. 이를 위해 신뢰의 증명, 제도의 공식화, 그리고 글로벌 연결이라는 세 단계의 전략적 이정표를 제시하며, 각 단계에서 반드시 해결해야 할 과제들을 정밀하게 해부한다.

1단계 기반 정착기Foundation Phase
: 신뢰의 증명과 최소 구조의 확립

1단계의 키워드는 확장보다 안정, 혁신보다 신뢰다. 이 시기의 목표는 기술적 화려함이 아니라, "가상자산 기반의 토큰화가 기존 금융 시스템의 안정성을 저해하지 않으며, 오히려 리스크를 정교하게 통제한다"는 사실을 시장과 감독기관에 증명하는 데 있다.

먼저, 자산 유형별 법적 성격과 소유권 대항력을 명문화하는 작업이 선행되어야 한다. 토큰이 법적으로 무엇을 대표하는지 정의되지 않은 상태에서의 실험은 사상누각이다. 따라서 감독기관이 수용 가능한 '최소 가용 구조Minimum Viable Structure'를 확정하고, 기관 중심의 반복 가능한 파일럿 모델을 확보해야 한다. 대상 자산은 개인 투자자 리스크가 낮고 권리 관계가

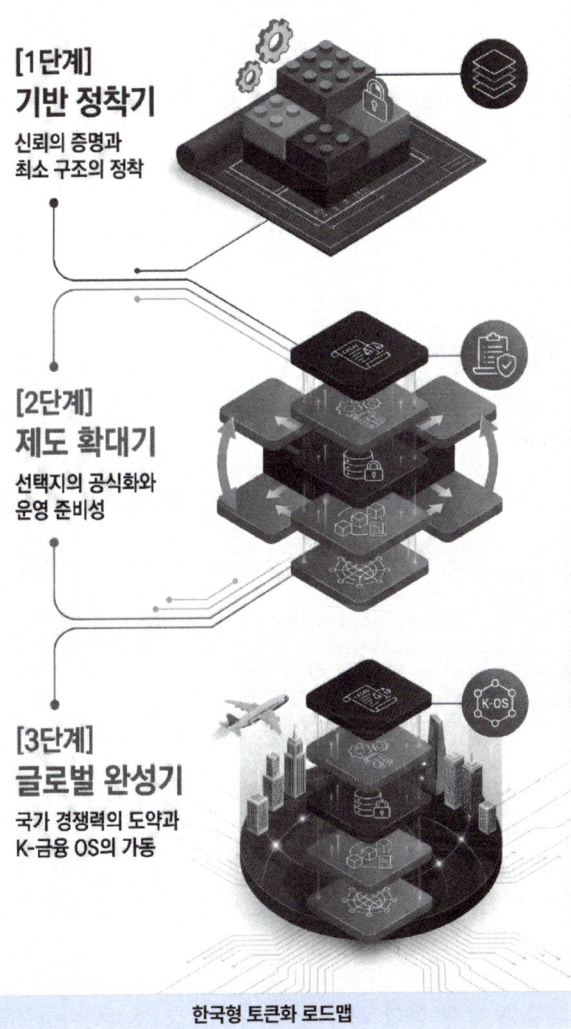

[1단계]
기반 정착기
신뢰의 증명과
최소 구조의 정착

[2단계]
제도 확대기
선택지의 공식화와
운영 준비성

[3단계]
글로벌 완성기
국가 경쟁력의 도약과
K-금융 OS의 가동

한국형 토큰화 로드맵

명확한 자산에 집중한다. 은행 간 자산 이체를 위한 '정산용 토큰', 국채 및 우량 채권 기반의 '디지털 자산', 그리고 매출채권과 같은 '우량 RWA'가 그 대상이다. 1단계의 성공 여부는 시장의 규모가 아니라, 사고 발생 시 책임 소재가 온체인과 오프체인에서 얼마나 명확히 규정되는지에 달려 있다.

2단계 제도 확대기|Expansion Phase
: 선택지의 공식화와 운영 준비성

2단계는 토큰화가 '특수한 실험'에서 벗어나 금융 시장의 '공식적인 제도적 선택지'로 이동하는 시기다. 정책과 시장의 상호작용이 본격화되며, 금융기관들의 운영 준비성Operational Readiness이 시장 전반으로 확산된다.

이 단계의 핵심 목표는 자산 범위의 전략적 확장과 참여자 다변화다. 부동산 수익권, 펀드 및 집합투자 구조, 공공 인프라 연계 자산 등으로 대상을 넓히며, 예탁결제원KSD이나 기존 결제망과 같은 전통 금융 인프라와의 실질적인 장부 연동을 추진한다. 또한 커스터디(수탁) 및 오라클(외부 데이터 연동)의 표준화 작업을 통해 통합 비용을 획기적으로 절감해야 한다. 정책 당국은 이 시점에 '토큰화 특화 라이선스' 도입을 검토하여 개인 투자자의 참여 조건을 정의하고, 해외 사업자의 국내 시장 접근 요건을 확립함으로써 시장의 외연을 넓혀야 한다.

3단계 글로벌 완성기 |Integration Phase
: 국가 경쟁력의 도약과 K-금융 OS의 가동

마지막 단계는 토큰화가 더 이상 신기술이 아닌, 국가 금융 경쟁력의 기본값Default이 되는 시기다. 대한민국이 아시아 디지털 금융의 허브로서 입지를 군히고, 글로벌 자본이 한국의 토큰화 레일을 통해 막힘없이 유입되는 단계다.

이 시기의 핵심은 국가 단위의 '공유 원장Shared Ledger'에 대한 법적 근거를 확보하고 이를 전면 가동하는 것이다. 개별 기관의 원장들이 거대한 국가 금융 신경망에 통합되며, 글로벌 스테이블코인 네트워크 및 해외 주요 결제망과의 상시 연동이 이루어진다. 이는 한국형 금융 인프라 모델이 단순한 국내용을 넘어 해외로 수출될 수 있는 기술적·제도적 완성도를 갖췄음을 의미한다. 3단계에 이르면 토큰화는 금융 운영 효율의 표준이 되며, 글로벌 자본의 진입 비용을 낮추는 핵심 인프라로 작동하게 될 것이다.

 저자의 인사이트

단계별 정책 및 운영 체크리스트 요약

- **1단계**: 자산 유형 정의, 발행/운영 책임 명문화, 실시간 관찰 Observability 범위 설정.
- **2단계**: 토큰화 특화 라이선스 도입, 개인 참여 허용 검토, 기존 인프라와 장부 연동.
- **3단계**: 공유 원장 법적 근거 확보, 국제 규제 정합성 완성, 글로벌 결제 인프라 상시 연동.

로드맵의 핵심은 각 단계가 단절된 것이 아니라, 앞 단계의 신뢰가 뒷 단계의 동력이 되는 선순환 구조에 있다. 1단계의 데이터가 2단계의 법률이 되고, 2단계의 표준이 3단계의 글로벌 경쟁력이 되는 설계의 유기성이 무엇보다 중요하다.

단계를 존중하는 설계가 국가의 승패를 결정한다

본 로드맵의 대전제는 단 하나다. **"결코 단계를 건너뛰지 않는다."** 가상자산 토큰화는 단순히 빠르게 간다고 해서 성공하는 영역이 아니다. 검증되지 않은 설계로 속도를 내는 것은 시스템 리스크를 키우는 전략적 자살 행위와 다름없다.

결국 한국형 토큰화의 성공은 최신 기술의 도입 속도보다, 시간을 두고 신뢰를 차곡차곡 쌓아 올리는 '단계적 설계 능력'에 달려 있다. 단계를 존중하고 그 안에서 최적의 해답을 찾아가는 과정 자체가 대한민국 금융의 새로운 기초 체력이 될 것이다. 우리는 이제 첫 번째 계단인 '기반 정착기'를 향한 신중하고도 단호한 발걸음을 내디뎌야 한다.

한국형 표준 아키텍처^{K-Architecture} 상세 명세

기술적 복잡성을 넘어 금융의 신뢰를 구조화하는 표준 설계도

왜 '한국형 표준 아키텍처'가 필요한가
: 파편화된 기술을 인프라로 묶는 힘

한국의 가상자산 토큰화 논의는 그동안 개별 기업의 기술 실험과 단발적인 사업 아이디어 중심으로 전개되어 왔다. 그러나 제아무리 혁신적인 기술 실험이 축적된다 하더라도, 이를 관통하는 공통의 '구조적 언어'가 없다면 국가 단위의 금융 인프라로 진화할 수 없다. 표준이 없는 혁신은 각기 다른 궤도에서 달리는 열차와 같아서, 서로 연결되지 못한 채 각자의 영역에서 소멸할 위험이 크기 때문이다.

표준 아키텍처의 목적은 특정 기술의 채택을 강요하는 통

제가 아니다. 오히려 "누가 무엇을 책임지고, 어디까지가 온체인이며, 어디서 제도가 개입하는가를 구조적으로 확정하는 것"에 그 본질이 있다. K-Architecture는 한국 금융 시스템이 요구하는 엄격한 책임성, 실시간 감독 가능성, 그리고 글로벌 확장성을 동시에 만족시키기 위한 최소한의 구조적 가이드라인이다. 이 구조가 완성될 때 비로소 기술은 보이지 않는 하부 레일에서 신뢰를 지탱하고, 사용자는 기술적 복잡성을 느끼지 못한 채 기존 금융보다 월등히 편리한 경험을 누리는 '추상화 Abstraction'의 단계에 진입하게 된다.

K-Architecture의 기본 설계 철학
: 중립, 책임, 그리고 내재화

K-Architecture는 한국형 도큰화 모델의 성공을 위해 다음 세 가지 철학을 뼈대로 삼는다.

첫째, **기술 중립성**이다. 특정 블록체인 프로토콜에 종속되지 않으며, 구조와 역할만을 정의함으로써 시장의 자율적인 기술 경쟁을 유도한다. 둘째, **책임 중심 설계**다. 모든 레이어에는 명확한 법적 책임 주체가 존재해야 하며, 기술적 오류나 네트워크 실패가 법적 공백으로 이어지지 않도록 책임의 귀속 지점을 명확히 한다. 셋째, **감독 내재화**다. 감독은 사고 이후에 개입하는 사외 활동이 아니라, 아키텍처 설계 단계부터 시스템 내부에 기본 기능으로 포함되어야 한다Compliance by Design.

K-Architecture의 5-Layer 구조
: 금융의 신뢰를 쌓아 올리는 층위들

K-Architecture는 금융의 신뢰를 다층적으로 보호하는 다섯 개의 레이어로 구성된다. 각 레이어는 기능적으로 독립되어 있으나 운영적으로는 긴밀하게 상호 의존한다.

- **Legal Layer(법률·권리 레이어)**: 토큰이 표상하는 기초 권리의 실체를 규정하는 최상위 층이다. 법적 권리는 견고한 오프체인 법체계 내에 존재하며, 토큰은 이 권리를 디지털로 정교하게 '번역'하여 표현한다. 발행자와 수탁 기관이 이 층의 신뢰를 책임진다.

- **Operation Layer(운영·관리 레이어)**: 실시간 자산가치NAV 산출, 수익 배분, 청산 관리 등 토큰화 자산의 생

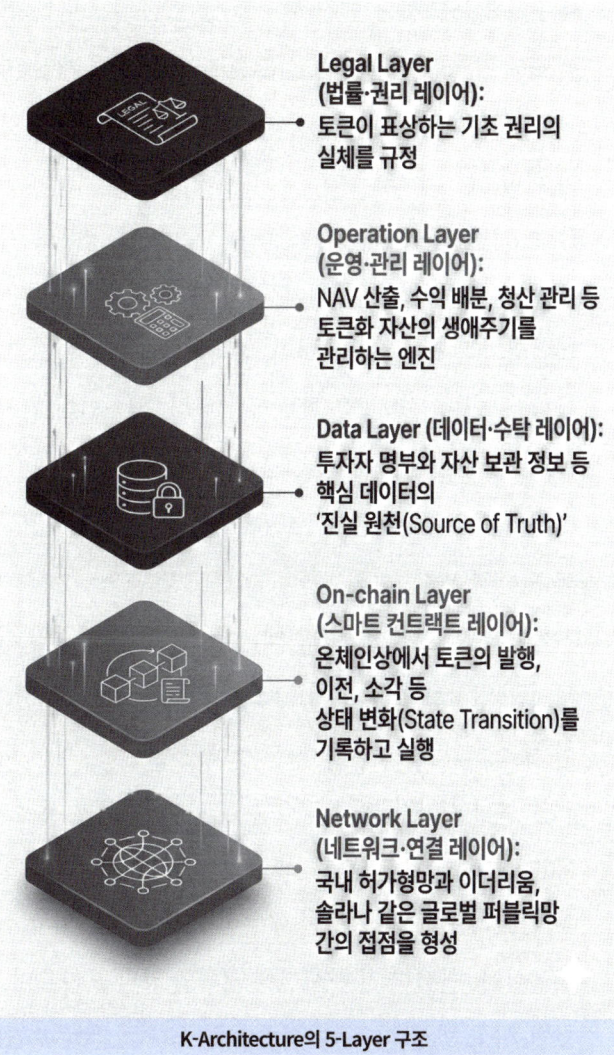

Legal Layer
(법률·권리 레이어):
토큰이 표상하는 기초 권리의
실체를 규정

Operation Layer
(운영·관리 레이어):
NAV 산출, 수익 배분, 청산 관리 등
토큰화 자산의 생애주기를
관리하는 엔진

Data Layer (데이터·수탁 레이어):
투자자 명부와 자산 보관 정보 등
핵심 데이터의
'진실 원천(Source of Truth)'

On-chain Layer
(스마트 컨트랙트 레이어):
온체인상에서 토큰의 발행,
이전, 소각 등
상태 변화(State Transition)를
기록하고 실행

Network Layer
(네트워크·연결 레이어):
국내 허가형망과 이더리움,
솔라나 같은 글로벌 퍼블릭망
간의 접점을 형성

K-Architecture의 5-Layer 구조

애주기를 관리하는 엔진이다. 운영 로직은 스마트 컨트랙트로 자동화하되, 비상 상황을 대비한 수동 개입 경로 Admin Gate를 유지하여 운영 실패를 즉시 복구할 수 있어야 한다.

- **Data Layer(데이터·수탁 레이어)**: 투자자 명부와 자산 보관 정보 등 핵심 데이터의 '진실 원천Source of Truth'이다. 데이터의 무결성을 보장하며, 감독기관이 실시간으로 열람할 수 있는 투명성을 확보해야 한다. 커스터디 기관이 이 데이터의 진위 여부를 보증한다.

- **On-chain Layer(스마트 컨트랙트 레이어)**: 온체인상에서 토큰의 발행, 이전, 소각 등 상태 변화State Transition를 기록하고 실행한다. 온체인에는 최소한의 상태값만 기록하여 개인정보 보호와 가스비 효율을 동시에 잡는다. 특히 감독 노드Supervisory Node가 이 레이어에 상주하며 리스크를 실시간 감지한다.

- **Network Layer(네트워크·연결 레이어)**: 국내 허가형망과 이더리움, 솔라나 같은 글로벌 퍼블릭망 간의 접점을 형성한다. 연결 조건은 사전에 정의된 규약을 따르며, 글로벌 사고 발생 시 국내 시스템을 즉각 차단할 수 있는

'지능형 브리지' 구조를 지향한다.

 저자의 인사이트

레이어별 책임 경계 요약

레이어	핵심 질문	책임 주체
Legal	이 토큰의 법적 실체는 무엇인가?	발행자·수탁기관
Operation	어떻게 운영되고 관리되는가?	자산운용사·사무관리사
Data	무엇이 증명된 사실인가?	커스터디 기관
On-chain	자산의 상태는 어떻게 변하는가?	인프라 운영자
Network	글로벌 시장과 어떻게 연결되는가?	통신 및 브리지 운영자

아키텍처이 성공은 각 레이어가 자신의 책임을 완수하면서도, 레이어 긴의 데이터 이동이 막힘없이 흐르는 '인터페이스의 표준화'에 달려 있다.

구조적 합의가 기술적 우위보다 중요하다

K-Architecture는 단순한 기술 설계도가 아니라, 토큰화가 국가적 금융 인프라로 인정받기 위해 반드시 지켜야 할 '구조적 약속'이다. 기술적 수단은 시대의 흐름에 따라 변화할 수 있지만, 신뢰를 담보하는 책임의 구조는 결코 바뀌어서는 안 되기 때문이다.

우리가 설계한 이 5개 층의 아키텍처는 개별 플레이어들이 안심하고 뛰어놀 수 있는 거대한 운동장이자, 글로벌 자본이 한국 시장을 신뢰하고 유입될 수 있게 만드는 가장 강력한 신뢰의 보증서가 될 것이다. 이제 이 아키텍처 위에 실제 자산을 올리고, 금융의 흐름을 시작할 때다.

Appendix
C

K-하이브리드 전략 프레임워크
─ 전략축별 실행 가이드
글로벌 표준의 정수를 한국적 맥락으로 치환하는 운영 매뉴얼

왜 '전략 프레임워크'가 필요한가
: 복제Clone가 아닌 조합Composition의 기술

한국형 가상자산 토큰화 전략을 수립할 때 가장 빈번하게 발생하는 오류는 특정 국가의 모델을 유일한 정답으로 상정하고 이를 그대로 복제하려는 시도다. 하지만 글로벌 시장 어디에도 모든 국가에 적용 가능한 완성형 정답은 존재하지 않는다. 각국은 자국의 금융 역사, 규제 철학, 그리고 시장의 성숙도에 맞춰 최선의 선택을 했을 뿐이다.

대한민국에 필요한 것은 모델의 단순한 선택이 아니라, 글로벌 전략 요소들의 정교한 '조합 방식'이다. K-하이브리드 전략 프레임워크는 이러한 글로벌 전략 자산들을 체계화하고 한국의 특수한 금융 환경에 맞게 재배치하기 위한 국가 단위의 운영 도구다. 이 프레임워크를 통해 우리는 각국의 강점을 흡수하면서도 한국만의 고유한 리스크 관리 능력을 보존하는 최적의 경로를 찾을 수 있다.

K-하이브리드 전략의 4대 전략축 개요
: 신뢰, 실증, 개방, 그리고 확장

본 프레임워크는 글로벌 토큰화 전략을 다음 네 개의 핵심 축으로 분해하여 재구성한다. 핵심 원칙은 자산의 성격과 도입 단계에 따라 각 전략축의 투입 강도를 유연하게 조절하는 '동적 최적화'에 있다.

- **전략축 A — 규제·책임 구조**(EU형 요소): 법치주의에 기반한 신뢰의 코어 구축.
- **전략축 B — 도입·실험 구조**(싱가포르형 요소): 실전적 데이터 확보를 통한 제도화.

- **전략축 C — 시장·유동성 구조**(홍콩형 요소): 글로벌 자본 유입을 위한 개방형 통로 설계.
- **전략축 D — 글로벌 확장 구조**(미국형 요소): 퍼블릭 네트워크 연결과 표준 선점.

전략축 A & B
: 신뢰의 뼈대와 실천의 근육

전략축 A(규제·책임 구조)는 한국형 모델의 가장 단단한 뼈대다. 예금 연계 토큰이나 대중 투자 대상 RWA 상품처럼 금융 안정성과 직결된 영역에 적용된다. 자산 유형별 법적 성격을 상위 법령에서 명확히 정의하고, 준비금 적립 및 상환 책임을 명문화함으로써 법적 불확실성을 제거한다. 다만 모든 영역에 과도한 규제를 일괄 적용할 경우 시장이 정체될 수 있으므로, 자산의 위험도에 따른 '선별적 규제'가 필수적이다.

전략축 B(도입·실험 구조)는 제도를 설계하기 전 실무적 근거를 확보하는 실천적 근육이다. 기관 간 정산 토큰이나 신규 인프라 테스트에 주로 적용된다. 기관 중심으로 자산 규모를 통제하며 실험을 전개하고, 여기서 도출된 데이터를 정책 설계에 즉각 피드백하는 구조를 지향한다. 주의할 점은 실험이 '보여주기식'에 그치지 않도록 성공 기준과 종료 조건을 사전에 명확히 고정해야 한다는 것이다.

전략축 C & D
: 유동성의 통로와 성장의 날개

전략축 C(시장·유동성 구조)는 글로벌 유동성을 흡수하기 위한 개방형 시장 설계다. 해외 투자자를 대상으로 한 디지털 자산 플랫폼이나 기관 전용 상품이 주요 대상이다. 명확한 라이선스 체계를 통해 시장의 신뢰도를 제고하고, 외환 규제 틀 내에서 외국인 자본이 안전하게 드나들 수 있는 'K-Bridge' 채널을 설계한다. 이때 개방이 감독의 공백으로 이어지지 않도록 실시간 모니터링 체계를 인프라에 내재화해야 한다.

전략축 D(글로벌 확장 구조)는 한국의 자산이 국제 시장에서 유통되게 만드는 성장의 날개다. 이더리움이나 솔라나 등 글로벌 메인넷과의 전략적 연결을 확보하고, CCIP나 CCTP 같은 글로벌 표준 프로토콜과의 결합을 통해 결제 연결성을 강화한다. 미국식 사후 규제 리스크를 방어하기 위해, 기술은 글로벌 네트워크를 쓰되 책임 주체는 국내 법적 구조 안에 고착시키는 '하이브리드 브리지' 구조를 지향한다.

 저자의 인사이트

전략축 결합 매트릭스: 단계별 투입 강도

도입 단계	전략축 A (규제)	전략축 B (실험)	전략축 C (시장)	전략축 D (기술)
1단계 (기반)	★★★	★★★	★	★
2단계 (확대)	★★	★★★	★★	★★
3단계 (완성)	★★	★	★★★	★★★

초기에는 규제(A)와 실험(B)에 집중하여 신뢰를 쌓고, 인프라가 안착되는 후기에는 시장 개방(C)과 기술 확장(D)으로 무게중심을 옮기는 것이 한국형 전략의 핵심이다.

조합의 정교함이 국가적 전략 우위를 결정한다

K-하이브리드 전략 프레임워크는 단순한 절충안이 아니라, 대한민국의 구조적 조건을 가장 냉정하게 반영한 '전략적

최적화'의 결과물이다. 우리의 경쟁력은 특정 모델을 무비판적으로 추종하는 데서 나오지 않는다.

이 책에서 제시한 시간적 로드맵(부록 A), 구조적 아키텍처(부록 B), 그리고 이 전략적 실행 가이드(부록 C)가 유기적으로 결합될 때, 토큰화는 비로소 대한민국 금융의 차세대 운영체제인 K-Financial OS로 완결될 것이다. 우리는 이제 가장 안전한 기초 위에 가장 혁신적인 날개를 단 채, 전 세계 디지털 자본 시장을 향해 나아갈 준비를 마쳤다. 이제는 설계의 시간을 넘어, 위대한 실행의 시간이다.

Chapter 1

● T+2 정산 구조

주식이나 채권 거래 시 계약 체결일(T)로부터 2영업일 뒤에 실제 자금 결제와 자산 이전이 완료되는 전통 금융의 표준 정산 주기이다. 이는 다단계 중개 기관의 장부 대조 절차와 기술적 지연 때문에 발생하는 시차로, 토큰화는 이를 'T+0(실시간)'으로 단축하여 자본 효율성을 극대화하고 결제 불이행 리스크를 원천적으로 제거한다.

● JP모건 J.P. Morgan

세계 최대 규모의 투자은행으로, 전 세계 금융기관 중 가장 선제적으로 블록체인 기술을 도입하였다. 자체 플랫폼을 통해 일일 수십억 달러 규모의 기업 긴 자금을 실시간 정산하며 '인프라로서의 토큰화' 가능성을 입증하고 있다.

● Kinex 네트워크

과거 'Onyx(오닉스)'로 알려진 JP모건의 기업용 블록체인 플랫폼이다. 일일

20억 달러 이상의 거래량을 처리하며, 전 세계 금융기관들이 공유 원장 위에서 실시간으로 대금을 결제하고 담보를 관리할 수 있도록 설계된 차세대 금융 레일의 역할을 수행한다.

● BNY 멜론 BNY Mellon

2025년 기준 수탁 자산 AUC/A 규모가 약 50조 달러에 달하는 세계 최대의 수탁 은행이다. 자산의 보관 방식을 디지털 단위로 전환하고 펀드 회계 데이터를 온체인으로 송출하는 등 수탁 업무의 전면적인 디지털 전환을 주도하며 디지털 자산의 새로운 게이트키퍼로 진화하고 있다.

● 스테이트 스트리트 State Street

약 40조 달러 이상의 자산을 수탁 관리하는 글로벌 금융 서비스 기관이다. 수탁기관의 93%가 토큰화에 참여하는 흐름 속에서 스마트 컨트랙트를 통한 결제 자동화와 자산 생애주기 관리 인프라 재설계의 중심축을 담당하고 있다.

● 코인베이스 Coinbase

미국 최대의 가상자산 거래소로, 단순한 개인 간 거래를 넘어 기관용 수탁 서비스와 토큰화된 자산 발행 인프라를 제공한다. 최근에는 일반 주식 거래와 유사한 '이벤트 컨트랙트' 영역으로 진출하며 제도권 금융과의 경계를 허물고 있다.

● **비들**BUIDL **프로젝트**

블랙록이 이더리움 네트워크상에 출시한 'BlackRock USD Institutional Digital Liquidity Fund'의 명칭이다. 출시 1년여 만에 운용자산AUM 25억 달러를 돌파하며 토큰화 국채 시장 점유율 44%를 장악하였다. 특히 BUIDL 토큰은 주요 가상자산 거래소에서 담보 자산으로 인정받기 시작하며, 전통 자본이 온체인 유동성의 기초 담보로 자리 잡았음을 보여주는 이정표가 되었다.

● **온체인**On-chain

모든 거래 기록과 자산의 권리 관계가 블록체인 네트워크 내에 직접 기록되고 실행되는 디지털 상태를 의미한다. 데이터가 원장 밖으로 나가지 않고 프로그래밍된 규칙에 따라 즉각 확정되므로 금융 상품 간의 칸막이를 허무는 역할을 한다.

● **사후조정**Reconciliation

거래 체결 후 각 금융기관이 보유한 서로 다른 장부들을 대조하여 내역이 일치하는지 확인하는 수동 절차이나. 금융 비용과 정산 리스크를 높이는 주범으로 꼽히며, 토큰화는 단일 공유 원장을 통해 이 과정을 근본적으로 제거한다.

Chapter 2

● 탈중앙화금융^{DeFi}

중앙 중개인 없이 스마트 컨트랙트 코드를 통해 대출, 교환, 파생상품 거래 등이 이루어지는 온체인 금융 생태계이다. 최근에는 전통 금융의 자본이 디파이 프로토콜의 담보 자산으로 활용되면서 두 영역 간의 융합이 가속화되고 있다.

● 분산원장^{DLT}

거래 정보를 중앙 서버가 아닌 네트워크 참여자들이 동시에 기록하고 관리하여 데이터의 무결성을 보장하는 기술적 토대이다. 자산의 발행부터 정산, 담보 설정에 이르는 생애주기 전체를 일관된 데이터 상태로 관리할 수 있게 한다.

● 토큰화된 예금

은행 예금을 디지털 토큰 형태로 발행한 것으로, 스테이블코인보다 높은 신뢰도와 예금자 보호 제도를 바탕으로 한 차세대 지급결제 수단이다. 한국형 모델에서는 민간 스테이블코인보다 통화 정책 통제권 아래 있는 토큰 예금에 더 큰 무게 중심을 둔다.

● 스테이블코인 Stablecoin

법정화폐와 가치가 1:1로 고정되도록 설계된 가상자산이다. 2025년 기준

시가총액이 2,200억 달러를 돌파하며 온체인 자본시장의 모든 결제를 완결 짓는 중추적 인프라로 자리매김하였다.

Chapter 3

● **도이체방크리서치** Deutsche Bank Research

글로벌 금융 흐름을 분석하는 도이체방크 산하 전문 연구 조직이다. 2025 년 말 기준 글로벌 토큰화 자산 시장 규모를 약 3,310억 달러로 집계하며, 자산의 온체인화라는 인프라 대이동의 실체를 데이터로 증명하였다.

● **RWA** Real World Asset

부동산, 채권, 원자재 등 현실의 실물 자산을 블록체인상의 토큰으로 변환 한 자산을 의미한다. 자산의 투명성을 높이고 거래 비용을 절감하여 중소 기업 자금 조달이나 개인의 소액 투자를 가능하게 한다.

● **테더** Tether

세계 최대의 스테이블코인 발행사로, 미국 달러와 연동된 USDT를 발행한 다. 2025년 기준 시가총액이 1,200억 달러를 상회하며 시장 점유율 1위를 유지하고 있다. 국채 등 고품질 유동 자산 기반의 준비금을 통해 가치를 증 명하며 온체인 경제의 기저 통화 역할을 수행한다.

● 서클Circle

미국 보스턴에 본사를 둔 결제 기술 기업으로, 법정화폐 담보형 스테이블 코인인 USDC를 발행한다. 투명한 준비금 공시와 규제 준수를 강조하며, 2025년 성공적인 IPO를 통해 가상자산 기반 결제 시스템이 지속 가능한 금융 인프라임을 자본시장에서 공인받았다.

● 에테나Ethena & 유주얼Usual

2025년 급부상한 신생 스테이블코인 발행사들로, 출시 수개월 만에 수억 달러 규모의 자금을 흡수하며 시장의 역동성을 증명하였다. 기존 법정화폐 담보 방식에서 벗어나 파생상품 전략이나 자산 연계 모델을 통해 새로운 유동성을 창출하는 특징이 있다.

● 소시에테 제네랄Société Générale

프랑스의 대형 은행으로, 기관용 스테이블코인 'EURCV'를 발행하였다. 이는 전통 금융기관이 직접 온체인 결제망에 진입한 주요 사례로, 미국의 규제 명확성 확보와 함께 대형 은행들의 시장 진입이 본격화되는 신호탄이 되었다.

● MMF머니마켓펀드

단기 금융상품에 투자하여 안정적인 수익을 제공하는 펀드이다. 최근 토큰화 기술과 결합하여 24시간 실시간 거래와 담보 활용이 가능한 온체인 자금 운용의 핵심 수단으로 진화하고 있다.

- **TMMF**토큰화 MMF

기존 MMF를 블록체인 위에서 구현한 상품이다. 최근 2년 사이 규모가 10배 이상 증가하였으며, 전통 금융과 가상자산 금융이 통합된 금융 체계로 진화하고 있음을 보여주는 실질적인 지표로 활용된다.

- **온오프램프**On-Off Ramp

법정화폐와 가상자산 사이를 연결하는 입출금 통로이다. 법정화폐를 가상자산으로 바꾸는 것이 온램프(On-Ramp), 가상자산을 다시 현금화하는 과정이 오프램프(Off-Ramp)이다.

Chapter 4

- **가상자산시장법**MiCA

유럽연합(EU)이 2024년 전면 시행한 세계 최초의 가상자산 포괄 규제안이다. 가상자산 발행인의 책임과 준비금 확보 의무를 명문화하여 규제 파편화를 해소하고 유럽을 단일 거대 시장으로 묶는 동력을 제공하였다.

- **EU 패스포트**Passporting

EU 회원국 한 곳에서 라이선스를 취득하면 별도의 승인 없이 나머지 27개 회원국 전체에서 사업을 할 수 있는 권한이다. 규제 파편화를 해소하고 유럽을 단일 거대 시장으로 묶어 글로벌 플레이어들을 유인하는 강력한 동력으로 작동한다.

- **MiFID II 프레임워크**

유럽의 금융상품 시장 지침으로, 토큰화된 자산이 '증권'에 해당할 경우 기존 금융권과 동일한 수준의 엄격한 규제를 적용하는 기준이 된다. 이는 기술 중립성을 바탕으로 자산의 경제적 실질에 따라 법적 지위를 부여한다.

- **DLT** Distributed Ledger Technology

중앙 관리자 없이 분산된 네트워크 참여자들이 거래를 기록하고 검증하여 데이터의 무결성을 보장하는 기술을 통칭한다.

- **DLT 파일럿 레짐** Pilot Regime

유럽연합(EU)이 혁신적 인프라 개발을 위해 도입한 규제 샌드박스이다. 분산원장 기반의 거래 및 정산 시설 운영에 한시적 특례를 제공하여 기술의 잠재력을 제도권 내에서 시험할 수 있게 한다.

- **규제 샌드박스** Regulatory Sandbox

새로운 혁신 서비스에 대해 한시적으로 기존 규제를 면제해주어 시장 테스트 기회를 부여하는 제도이다. 다만 한국에서는 상업화를 위한 보편적 제도로 안착하지 못하고 '고립된 섬'을 만드는 한계를 보이기도 했다.

- **Genius 법**

미국 최초의 연방 스테이블코인 프레임워크로, 발행사의 100% 유동성 준비금 확보 의무와 공시 기준을 명문화하였다. 이는 스테이블코인을 정식 금융 인프라의 핵심 요소로 안착시키는 역할을 했다.

● Clarity 법

미국의 가상자산 규제 관할권을 명확히 하기 위한 법안이다. SEC와 CFTC
간의 고질적인 관할권 갈등을 해결하여 기관들이 법적 리스크 없이 토큰화
시장에 참여할 수 있는 환경을 조성하는 데 기여한다.

● SEC 미 증권거래위원회

미 증권거래위원회로, 가상자산이 '투자 계약'에 해당하는지 여부를 판단
하고 투자자 보호를 위한 강력한 규제를 집행하는 기구이다.

● CFTC 미 상품선물거래위원회

미 상품선물거래위원회로, 비트코인 등 가상자산을 '상품'으로 간주하고
선물 및 파생상품 시장의 공정성을 감독한다.

● 결제서비스법 PSA

싱가포르의 디지털 자산 정의와 라이선싱 체계를 확립한 핵심 법안이다.
이를 통해 사업자들에게 명확한 진입 장벽과 가이드라인을 제공하며 '설계
된 안전'을 추구한다.

● 프로젝트 가디언 Project Guardian

싱가포르 통화청(MAS) 주도의 민관 협력 플랫폼으로, 국채, 외환, 펀드 자

산의 토큰화 실용 사례를 창출하는 거대한 실험장이다. 글로벌 금융기관들과 협력하여 자산 토큰화의 글로벌 표준을 주도하고 있다.

● **프로젝트 앙상블**Project Ensemble

홍콩 금융관리국(HKMA)이 추진하는 통합 결제 시스템 구축 시도이다. 스테이블코인, 토큰화 예금, 디지털 홍콩달러를 연결하여 홍콩이 글로벌 실물자산(RWA) 허브로 도약하기 위한 신뢰의 통로를 개설한다.

Chapter 5

● **수탁기관**Custodians

금융자산을 안전하게 보관하고 관리하는 금융의 금고지기이다. 최근 글로벌 수탁기관의 93%가 토큰화 서비스에 참여하며, 디지털 자산의 발행부터 상환까지 관리하는 새로운 게이트키퍼로 진화하고 있다.

● **Crypto.com & Deribit**

글로벌 가상자산 거래 플랫폼으로, 토큰화된 국채 등을 담보물로 수용하며 전통 금융 자산이 온체인 유동성의 핵심 혈관으로 통합되는 과정을 보여주는 대표적 사례이다.

● **스마트 컨트랙트**Smart Contract

합의된 조건을 코드로 번역하여, 제3자의 개입 없이 자동으로 계약 이행과 자금 집행을 처리하는 기술이다. 이를 통해 펀드 지분 이전이나 정산 과정을 실시간으로 처리하여 운영 효율을 극대화한다.

● **차이나 에셋 매니지먼트**ChinaAMC **& CPIC**

아시아의 대형 운용사들로, 홍콩 등지에서 토큰화 MMF를 출시하며 아시아 수탁 시스템의 디지털 전환을 가속화하고 있다.

Chapter 6

● **디지털 발칸화**Digital Balkanization

서로 다른 기술 표준을 가진 블록체인들이 연결되지 못하고 고립된 섬처럼 파편화되어 유동성이 조각나는 현상을 의미한다. 이는 통합된 효율성이 아닌 운영의 복잡성 증가라는 역설적 결과를 낳는다.

● **아토믹 결제**Atomic Settlement

자산 소유권 이전과 대금 지급이 실시간으로 동시에 완결되거나 아예 취소되는 방식으로, 거래 상대방의 결제 불이행 리스크를 기술적으로 제거한다.

● **오케스트레이션**Orchestration

파편화된 여러 블록체인 네트워크와 전통 시스템을 하나로 조율하여 복잡한 자산 흐름이 중단 없이 수행되도록 관리하는 기술적 레이어이다.

● SWIFT

전 세계 1만 1천 개 이상의 금융기관이 사용하는 통신망의 중추이다. 최근 ISO 20022 표준을 활용해 전통 금융과 DLT 네트워크를 연결하는 '디지털 자산 오케스트레이터' 역할을 자처하고 있다.

● ISO 20022

금융기관 간 데이터 교환을 위한 국제 메시징 표준 규격이다. 토큰화된 자산이 기존 금융망과 호환되기 위해 반드시 준수해야 할 공용 언어이며 상호운용성 확보의 핵심이다.

● 칸톤 네트워크 Canton Network

금융권의 정보 보안과 데이터 통합을 동시에 해결하기 위한 금융 전용 블록체인이다. 기관의 프라이버시를 보장하면서도 실시간 상호작용이 가능한 독특한 아키텍처를 가졌다는 평가를 받는다.

● ERC-3643

신원 확인과 규제 준수 로직을 스마트 컨트랙트 자체에 내장할 수 있도록 설계된 토큰 표준 규격이다. 전 세계적으로 합의되는 토큰화 금융의 핵심 규약 중 하나로 꼽힌다.

Chapter 7

● **국제결제은행**BIS

중앙은행들의 중앙은행으로 불리며, 토큰화 금융이 중앙은행의 직접 관리
를 받아야 할 정당한 혁신 궤도에 올랐음을 공인함과 동시에 급격한 성장
에 따른 리스크를 경고한다.

● **IOSCO / FSB / OECD**

국제증권감독기구, 금융안정위원회, 경제협력개발기구 등 글로벌 금융 질
서를 설계하는 국제기구들이다. 토큰화에 따른 상호연결성과 시스템적 취
약성을 분석하고 공동의 감독 체계 강화를 주문한다.

● **위즈덤트리**WisdomTree

미국의 대형 자산운용사로, 블랙록과 함께 토큰화 국채 시장을 주도한다.
발행량의 상당 부분이 소수 지갑에 집중되어 있다는 '보유의 집중' 문제를
보여주는 사례로 언급되기도 한다.

● **루핑**Looping

보유한 자산을 담보로 자금을 빌려 다시 자산을 사는 재귀적 레버리지 기
법이다. 시장 상승기에는 수익을 키우지만 하락기에는 연쇄 청산을 유발하
여 시스템적 전염 경로를 형성한다.

● 디레버리징 Deleveraging

부채를 상환하여 부채 비중을 줄이는 과정이다. 시장 위기 시 자산을 강제 청산(Fire Sale)하는 과정에서 가격 폭락과 시스템 전체의 위기를 초래할 수 있다.

● NAV 기준가격

Net Asset Value의 약자로, 펀드의 순자산 가치를 의미한다. 토큰화 펀드에서는 이를 얼마나 실시간으로 정확히 산출하여 온체인에 반영하느냐가 인프라의 신뢰를 결정한다.

● 오라클 Oracle

블록체인 외부의 실물 데이터(예: 주가)를 스마트 컨트랙트 내부로 전달하는 기술이다. 데이터 조작 시 단일 장애점으로 작용하여 자산 정산을 마비시킬 수 있는 기술적 취약점을 가진다.

● 단일 장애점 SPOF

시스템의 한 지점이 고장 났을 때 전체 시스템이 마비되는 취약 지점이다. 토큰화 설계 시 중앙 집중화된 오라클이나 특정 지갑에 대한 의존도를 낮추어 이를 제거해야 한다.

● 임베디드 슈퍼비전 Embedded Supervision

규제 준수 여부를 스마트 컨트랙트 내에 코드로 구현하여 당국이 실시간으로 모니터링하는 차세대 감독 기술이다.

Chapter 8

● **규제의 결정화**Crystallization

추상적이었던 가이드라인이 명확한 법률로 확립되는 단계이다. 이는 기관 투자자들이 토큰화 채택의 장벽으로 꼽아온 법률적 공백을 메우는 결정적 역할을 한다.

Chapter 9

● **자본시장법**자본시장과 금융투자업에 관한 법률

자본시장법은 한국 금융 규제의 '최상위 포괄 규범'으로서, 투자자가 금전적 수익을 기대하며 자금을 투입하는 모든 행위의 실질적 성격을 규율한다. 이 법은 기술적인 형식이 블록체인이든 종이 서류든 상관없이 그 경제적 실질이 증권에 해당한다면 자본시장법상의 엄격한 공시 의무와 투자자 보호 규제를 적용한다.

● **전자증권법**주식·사채 등의 전자등록에 관한 법률

전자증권법은 증권의 권리 관계가 실물 종이가 아닌 '전자적 장부' 기재만으로 법적 효력을 갖게 하는 방식을 규율한다. 이 법의 관점에서 토큰화는 새로운 자산의 탄생이 아니라, 기존의 전자 증권 장부를 관리하는 방식이

분산원장(Blockchain)이라는 새로운 기술로 확장된 형태에 해당한다.

● 특금법 특정 금융거래정보의 보고 및 이용 등에 관한 법률

특금법은 금융 거래를 이용한 자금세탁 행위와 공중협박자금 조달 행위를 방지하기 위해 설계된 강력한 리스크 관리 법률이다. 이 법은 자산의 상품적 본질보다는 자금의 흐름이 투명한지, 그리고 그 자금을 중개하는 가상자산사업자(VASP)가 누구인지에 집중하여 감시망을 촘촘히 짠다.

● 가상자산사업자 VASP

가상자산의 매매, 교환, 보관 서비스를 제공하도록 허가받은 사업자이다. 엄격한 AML/KYC 의무가 부과되지만 기존 금융권과의 분리 원칙으로 인해 제도권 주변부에 머물러 있다.

● AML/KYC

자금세탁 방지(AML, Anti Money Laundering)와 고객 확인 절차(KYC, Know Your Customer)로, 금융 안정성을 위해 모든 금융 사업자가 거쳐야 하는 필수 관문이다.

● FIU 금융정보분석원

금융정보분석원의 약자로, 자금세탁 의무 이행을 감독하며 가상자산 사업자의 신고 수리 업무를 담당하는 기관이다.

● **토큰증권**STO

토큰증권은 분산원장 기술(DLT)을 활용하여 발행된 '디지털화된 증권'을 의미한다. 한국에서는 기존 전자증권법의 체계 내에서 수용되되, 기록 방식이 기존의 중앙집중식 명부에서 분산된 원장으로 확장된 형태로 정의된다. 자본시장법상 증권의 실질을 유지하면서, 그 권리 관계를 스마트 컨트랙트 기반의 토큰으로 구현한다. 이를 통해 부동산, 매출채권, 지식재산권(IP) 등 고가의 비유동성 자산을 소액으로 조각내어 유통할 수 있는 '조각투자'의 법적 기반이 된다. 발행 과정에서의 중개 비용을 획기적으로 낮추고, 24시간 실시간 거래를 가능하게 한다. 한국에서는 예탁결제원의 중앙장부와 민간의 분산원장을 어떻게 기술적으로 동기화하여 법적 확정성을 부여할 것인가가 핵심 과제이다.

● **CBDC**Central Bank Digital Currency, 중앙은행 디지털 화폐

CBDC는 중앙은행이 직접 발행하고 가치를 보장하는 법정 화폐의 디지털 형태이다. 민간이 발행하는 가상자산이나 스테이블코인과 달리, 국가의 통화 정책 통제권 내에 존재하며 가장 높은 수준의 신뢰도와 결제 안정성을 제공한다. 한국은행은 거액 결제용(Wholesale) CBDC 테스트를 통해 시중은행 간의 자금 정산 레일을 토큰화하는 실험을 주도하고 있다. 이는 예금 토큰화 논의와 결합하여, 은행의 예금자 보호 제도를 유지하면서도 블록체인 상의 실시간 결제를 구현하는 하이브리드 모델로 진화하고 있다. 국가 결제 인프라의 주권을 수호하고, 토큰화된 자산이 거래될 때 최종적인 현금 정산을 담당하는 '온체인 기저 통화'로서 기능한다.

Chapter 13

● 디지털 자산 재무 기관DAT

DAT는 기업이나 기관이 보유한 현금성 자산을 단순히 은행 계좌에 예치하는 것을 넘어, 스테이블코인이나 토큰화된 국채 등 온체인 자산으로 직접 관리하고 운용하는 새로운 재무 관리 모델이다. 기업은 24시간 운영되는 온체인 시장에서 실시간 유동성을 확보하고, 자동화된 스마트 컨트랙트를 통해 대금 지급과 수익 분배를 관리한다. 이는 전통적인 기업 금융의 정산 지연과 중개 수수료를 획기적으로 줄여준다. 2026년 글로벌 시장에서 기업 재무의 새로운 표준으로 부상하였으며, 한국 기업들이 글로벌 유동성 흐름에 직접 참여하고 자금 운용 효율을 극대화하기 위한 필수적인 인프라로 꼽힌다.

Chapter 14

● 감독 노드Supervisory Node

감독기관이 블록체인 네트워크에 직접 참여하여 실시간으로 무결성을 확인하는 기술적 장치이다.

● 추상화Abstraction

추상화는 복잡한 블록체인 기술(지갑 생성, 개인키 관리, 네트워크 선택, 가스비 지불 등)을 사용자 인터페이스(UI) 뒤로 완전히 숨겨, 대중이 기술적 배경지식 없이도 금융 서비스를 이용할 수 있게 만드는 혁신이다. 사용자는 자신이 어떤 블록체인 네트워크를 쓰는지, 수수료를 어떤 토큰으로 내는지 신경 쓸 필요가 없다. 서비스 제공자가 가스비를 대신 내주거나(Paymaster), 여러 네트워크에 흩어진 자산을 하나의 잔액으로 보여주는 기술을 통해 사용자 경험을 기존 뱅킹 앱 수준으로 끌어올린다. "최고의 기술은 보이지 않는 기술이다"라는 원칙에 따라, 토큰화 금융이 전문가의 영역을 넘어 대중화(Mass Adoption)로 나아가기 위한 마지막 퍼즐 조각이다. 기술은 하부 레일로 숨고 편리함만 남는 순간이 진정한 인프라의 완성이라 할 수 있다.

- **서킷 브레이커** Circuit Breaker
시스템 리스크가 감지될 때 거래를 일시 중단시켜 전체 붕괴를 막는 기술적 안전장치이다.

1. 글로벌 시장 전망 및 트렌드 리포트

Coinbase Institutional, *2026 Crypto Market Outlook*, 2025.

Stablecoin Insider, *The 2025 Stablecoin Year-End Report: How This Year Redefined Stablecoin Adoption*, 2025.

Boston Consulting Group (BCG) / Ripple, *Approaching the Tokenization Tipping Point*, April 2025.

Deutsche Bank Research, *Asset Tokenization 101* (Marion Laboure, Camilla Siazon), November 2025.

CoinGecko, *2025 RWA Report*, April 2025.

Broadridge, *Next-gen Markets: The Rise and Reality of Tokenization*, 2025.

McKinsey & Company, *From Ripples to Waves: The Transformational Power of Tokenizing Assets*, June 2024.

McKinsey & Company, *The Stable Door Opens: How Tokenized Cash Enables Next-gen Payments*, 2025.

Citi GPS, *Money, Tokens, and Games: Blockchain's Next Billion Users and Trillions in Value*, March 2023.

Citi GPS, *The Future of Post-Trade: Custody and Settlement in an Always-On World*, 2025.

Standard Chartered / Synpulse, *Real-World Asset Tokenization: A Game Changer for Global Trade*, June 2024.

CoinDesk / Protocol Theory, *Digital Asset Adoption 2025 Report*, 2025.

State Street, *Digital Assets and Emerging Technology Study 2025*, 2025.

Coinbase / EY-Parthenon, *2025 Institutional Investor Digital Assets Survey*, 2025.

The Economist, *Tokenisation Special Report*, 2024.

2. 국제 기구 및 정책 보고서

BIS (Bank for International Settlements), *Bulletin No. 115: The Rise of Tokenised Money Market Funds*, November 2025.

IOSCO (International Organization of Securities Commissions), *Tokenization of Financial Assets: Final Report (FR/17/25)*, 2025.

OECD, *Tokenisation of Assets and Distributed Ledger Technologies in Financial Markets*, 2025.

FSB (Financial Stability Board), *Financial Stability Implications of Tokenisation*, 2024.

INATBA (International Association for Trusted Blockchain Applications), *Tokenization: Finance Working Group Report*, 2024/2025.

U.S. Department of the Treasury, *Strengthening American Leadership in*

Digital Financial Technology: Digital Assets Report, 2025.

AIMA (Alternative Investment Management Association), *Tokenizing Alternatives*, November 2024.

World Economic Forum, *DLT Networks Analysis*, May 2025.

3. 기술 규격 및 아키텍처 가이드라인

MAS / FCA / Deutsche Bank / Schroders, *Project Guardian: Operationalising Tokenised Funds Report*, November 2025.

Coinbase, *Operational Readiness & Institutional Architecture Framework*, 2025.

SNB / BIS Innovation Hub / SIX, *Project Helvetia III*, 2024.

Ethereum Community, *ERC-3643: Documented Compliance Token Standard*, 2025.

참고한 가상자산 토큰화 및 RWA 관련
주요 기사 및 산업 분석 자료

---

1. 아시아 토큰화 주도권 및 공공 인프라 전략

아시아 금융 허브인 싱가포르와 홍콩의 정책적 행보와 실무 프로젝트에 관한 자료입니다.

싱가포르 MAS, 프로젝트 가디언(Project Guardian) 확장 및 상업화 전략

(2025)

https://www.mas.gov.sg/news/media-releases/2024/mas-

announces-plans-to-commercialise-asset-tokenisation

홍콩 HKMA, 프로젝트 앙상블(Project Ensemble) 파일럿 런칭 (2025년 11월)

https://www.hkma.gov.hk/eng/news-and-media/press-

releases/2024/08/20240828-3/

홍콩 SFC, 중개인의 가상자산 관련 활동에 관한 공동 회람 (2025년 9월)

https://apps.sfc.hk/edistributionWeb/gateway/EN/circular/

doc?refNo=23EC52

Ledger Insights, 자산 토큰화 상업화를 위한 MAS의 비전 분석 (2025)

https://www.ledgerinsights.com/singapore-mas-guardian-asset-

tokenization-commercialization/

2. 글로벌 금융기관의 실전 배치 및 시장 변화

전통 금융사들이 토큰화를 통해 구축한 실제 운영 인프라 및 시장 영향력에 관한 자

료입니다.

J.P. Morgan / Kinexys(구 Onyx), 프로젝트 가디언 프레임워크 및 성과 (2025)

https://www.jpmorgan.com/onyx/index

블랙록 BUIDL 펀드, 토큰화 국채 시장 점유율 44% 돌파 (2025)

https://www.blackrock.com/us/individual/products/333100/

blackrock-usd-institutional-digital-liquidity-fund

서클(Circle) IPO 및 스테이블코인의 제도권 금융 안착 (2025년 12월)

https://www.circle.com/en/pressroom/circle-announces-
confidential-submission-of-draft-registration-statement-for-
proposed-initial-public-offering

차이나애셋매니지먼트(ChinaAMC HK) 및 CPIC의 토큰화 MMF 출시 (2025
년 1월)

https://www.chinaamc.com.hk/en/news/chinaamc-hk-partners-
with-standard-chartered-for-tokenized-fund/

3. 기술 아키텍처 및 미래 금융 전망

수탁기관의 변화와 차세대 결제 시스템에 대한 전문가들의 분석 자료입니다.

Louis (ByungHee) Kim, "은행이 디지털 자산 월렛을 제공해야 하는 이유"
(2026)

https://www.linkedin.com/pulse/why-banks-must-provide-digital-
asset-wallets-louis-byunghee-kim-r4v0c/

McKinsey & Company, "토큰화된 현금이 차세대 결제를 가능하게 하는 방식"
(2025)

https://www.mckinsey.com/industries/financial-services/our-insights/
the-stable-door-opens-how-tokenized-cash-enables-next-gen-
payments

FundsTech, 홍콩의 프로젝트 앙상블을 통한 RWA 허브 전략 분석 (2025)

https://www.fundstech.com/hong-kong-targets-broad-tokenisation-
with-project-ensemble/

메리츠증권 전략기획담당 **강병하**

디지털 자산과 블록체인 기술은 이제 더 이상 주변부의 혁신이 아니라, 글로벌 금융 질서를 재편하는 중심축으로 자리 잡고 있습니다. 불과 몇 년 전까지만 해도 암호화폐는 일부 개인 투자자의 관심사로 인식되었으나, 오늘날에는 주요 중앙은행, 글로벌 투자은행, 자산운용사, 그리고 각국의 정책 당국이 디지털 자산과 토큰화 Tokenization를 차세대 금융 인프라의 핵심 요소로 규정하고 있습니다. 특히 미국과 홍콩 등 선도 국가들은 관련 규제 체계를 적극적으로 정비하며 제도권 금융과 디지털 자산 시장의 결합을 가속화하고 있습니다. 반면 한국은 제도화의 필요성에 대한 공감대는 형성되어 있음에도, 규제 정립과 산업 육성의 속도 면에서는 아직 과제가 남아 있는 것이 현실입니다. 이러한 전환기의 시점에서, 금융과 디지털 자산의 구조적 변화를 균형감 있게 조망하고 실질적 방향성을 제시하는 통찰력 있는 저작의 등장은 대단히 시의적절하다고 할 수 있습니다.

저는 오랜 기간 증권사와 자산운용 현장에서 전통 금융의 리스크 관리와 자본시장 구조를 경험하였고, 이후 한국의 가상자산사업자인 웨이브릿지의 CIO로 근무하며 디지털 자산 비즈니스의 전략과 운용을 직접 수행하며 두 세계가 결합되는 과정을 가까이에서 지켜보아 왔습니다. 이 과정에서 지속적으로 느낀 점은, 급변하는 디지털 자산 산업을 이해하기 위한 '신뢰할 수 있고, 동시에 현재성을 갖춘 정보'가 매우 희소하다는 사실이었습니다. 온라인 채널과 커뮤니티는 정보의 속도 면에서는 탁월하지만, 검증되지 않은 추정과 과장된 전망이 혼재되어 있어 실무적 의사결정의 기반으로 삼기에는 한계가 있습니다. 반대로 기존의 전문 서적들은 이론적 체계성은 갖추었으나, 시장과 제도의 변화 속도를 따라가기에는 시차가 존재합니다. 이러한 간극 속에서 이 책은 정확성, 최신성, 그리고 실무적 적용 가능성이라는 세 가지 요건을 고르게 충족하며, 독자에게 믿을 수 있는 기준점과 사고의 틀을 제공합니다.

특히 이 책은 토큰화의 본질을 단순한 기술 혁신이 아닌 금융 패러다임의 구조적 전환으로 규정합니다. 자산의 디지털화와 분할 가능성, 실시간 결제와 청산, 글로벌 유통 인프라의 재구성 등 토큰화가 지닌 근본적 의미를 명료하게 설명하면서, 왜 각국이 이를 국가 전략 차원에서 추진하고 있는지를 설득력 있게 보여줍니다. 또한 글로벌 규제의 수렴 과정, 기관투자자의 참여 확대, 전통 금융기관의 사업모델 전환 등 실제 시장에서 진행되고 있는 변화를 구체적 사례와 함께 제시함으로써, 독자가 추상적 개념이 아닌 현실적 흐름으로 이해할 수 있도록 돕습니다.

일부에서는 디지털 자산을 여전히 단기적 투기 수단으로만 인식하고, 또 다른 일부에서는 블록체인 기술의 혁신성만을 강조하는 경향이 있습니다. 그러나 디지털 자산은 투자 대상인 자산이자, 금융 서비스를 구현하는 인프라라는 이중적 성격을 지니며, 이 점이 향후 금융산업의 경쟁 구도를 근본적으로 바꾸게 될 것입니다. 이 책은 이러한 관점을 바탕으로, 디지털 자산이 한국 금융의 효율성과 국제 경쟁력을 어떻게 제고할 수 있는지, 그리고 전통 금융기관이 어떤 전략적 준비를 해야 하는지를 명확히 제시합니다. 이는 기술서도, 투자 안내서도 아닌, 미래 금융 전략서로서의 가치라 평가할 수 있습니다.

아울러 디지털 자산을 둘러싼 담론은 여전히 극단적 낙관론과 강한 회의론이 공존합니다. 무제한적 성장을 기대하는 시각과, 제도적 불확실성을 이유로 본질적 가치를 부정하는 시각이 대립하고 있습니다. 이 책이 가장 큰 미덕은, 이러한 양극단을 넘어 현실직 균형감각 속에서 대안을 제시한다는 점입니다. 제도화의 필요성과 시장의 자정 능력, 투자자 보호와 혁신 촉진 사이의 조화 등 복합적인 과제를 냉정하게 분석하며, 한국이 선택해야 할 정책적·산업적 방향성을 제안합니다. 독자는 과도한 기대나 막연한 두려움이 아닌, 사실과 구조적 이해에 기반한 판단 기준을 얻게 될 것입니다.

한국 금융산업은 지금 중요한 분기점에 서 있습니다. 디지털 자산의 제도적 수용과 토큰화 인프라의 도입은 단순한 신사업이 아니라, 향후 수십 년간 금융 경쟁력을 좌우할 전략적 과제입니다. 이를 위해서는 선진화된 규제 체계, 시장 참여자의 이해도 제고, 금융기관의 적극적 참여와 책임 있는 혁신이 병행되어야 합니다. 이 책은 이러한 과제를 종합적으로 조망하며, 정책 담당자, 금융 실무자, 기업 경영진, 그리고 시장 참여자 모두에게 깊이 있는 통찰과 실질적 방향성을 제공합니다.

변화는 이미 시작되었습니다. 디지털 자산과 토큰화가 이끌 새로운 금융 질서를 올바르게 이해하고 준비하는 일은 더 이상 선택이 아닌 필수입니다. 이 책이 한국 금융이 다음 단계로 도약하는 데 중요한 이정표가 되기를 기대하며, 관련 분야에 관심을 가진 모든 분들께 일독을 권합니다.

토큰화

초판 1쇄 발행 2026년 2월 10일

지은이 윤현근·김태림·티모시 신

편집/디자인 공홍 **마케팅** 이유림·임주성 **경영지원** 이지원
펴낸이 최익선 **펴낸곳** 피지트

출판등록 제2021 000049호
주소 경기도 화성시 동탄원천로 354-28 **전화** 070-7672-1001
이메일 pazit.book@gmail.com **인스타** @pazit.book

ISBN 979-11-7152-130-2 (03320)

THE STORY FILLS YOU
책으로 펴내고 싶은 이야기가 있다면, 원고를 메일로 보내주세요.
파지트는 당신의 이야기를 기다리고 있습니다.